アウトプットする公民の授業

島根からの提案

展開・資料・板書

山本　悦生

地歴社

［目 次］ ◎＝アウトプット型授業

まえがき

アウトプット型の授業とは

　公民の授業では、生徒たちに自分の感想をまとめさせるアウトプット型の授業をおこなっている。

　ここに言うアウトプット型の授業とは、数時間単位の単元で構成し、最後に単元で扱ったテーマについて感想をまとめさせ、それを生徒どうしで共有するとともに、生徒の家庭やテーマにかかわる方々に伝え、さらには新聞などのメディアに発信し、生徒と社会との対話を生みだそうとする授業である。

生徒は友だちの考えからも学ぶ

　「臓器移植」や「死刑制度」、「国際貢献」などのアウトプット型の授業で取り上げる教材は、生徒たちにとって「切実」なものである。教材そのものに考えるに値するパワーがあるため、生徒たちは教材に引き込まれ、深く考えることができる。ただ、生徒たちの深い学びが可能となるのは、こうしたパンチの効いた教材からだけではない。教室の中には、自分とは異なる考え方をした友だちが存在する。こうした友だちの考え方にふれることで、生徒たちは自分の考えを再構築できる。友だちの考え方にふれようとした時、学級全体の場で意見を表明する場面も当然あるが、グループ学習の方がより表明しやすい。グループでの話し合いを活性化させるためには、生徒たちがそれぞれの考えを持って話し合いに参加することが望ましい。

　しかし、自分の考えをまとめられなかったり、発言によって表明できにくかったりする生徒たちも少なくない。そこでよく利用するのが付箋紙である。あらかじめ付箋紙に自分の考えをまとめておき、それを持ち寄ることで、グループでの話し合いのハードルはずいぶん低くなるはずである。持ち寄った付箋紙をKJ法でグルーピングしてもおもしろいし、ここでの話し合いを学級全体に広げ、共有することも可能だ。以前「死刑制度」の学習の中で、その存廃について扱った時、「えん罪の危険」を指摘する生徒がいた。この指摘に、グループ学習の中で、別の生徒が「あり得ない。あったら世紀の大事件。」と付箋紙に記した。この付箋紙を学級全体で共有した上で、えん罪で死刑囚とされた斎藤幸夫さんの姿を紹介した。教室で学ぶ意味は、まさにここにある。すなわち、生徒たちは教材からも深く学ぶことができるが、グループ活動なども通して、教室の中にいる自分とは異なる考え方をした友だちからも学ぶのである。

感想を共有し家庭にも届ける

　アウトプット型の授業でまとめた感想は、その多くが中学生らしい感性にあふれ、ハッとさせられることがよくある。こうした感想を私が独り占めするだけではもったいないので、いつの頃からか生徒たちと共有するようになった。1学年1学級という小規模校での勤務が多かったため、3年生担任の場合は学級通信に、担任でなかった場合は社会科通信などに、生徒たちの感想を掲載して発行していた。終礼時に配布される学級通信を、食い入るように読んでいる生徒たちの姿が忘れられない。自分の感想とともに、友だちの感想

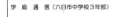

を読み込むことで、さらに自分の考えを深めていることだろう。

　学級通信の場合は、生徒の手を通して家庭にも届く。2017年3月、2年間担任した生徒たちの卒業式の後、「生徒たちはよく考えていますね。」、「学級通信がおもしろかったです。」、「学級通信のことを職場の朝礼でスピーチしました。」など、複数の保護者から声をかけていただいた。家庭も巻き込んだアウトプット型の授業は、こうした反応も多くて楽しい。

感想を関係する方々やメディアにも届ける

　ただ、これだけでは飽き足らず、教材に関係する方々にも学級通信を送付し、生徒たちの学びを紹介するようになった。2006年度、「死刑制度」について学んだ生徒たちの感想を学級通信にまとめたが、これを島根県内の法曹3者の代表である松江地方裁判所長、松江地方検察庁検事正、島根県弁護士会長にそれぞれ送付した。これら法曹3者の代表からは、後日返信があり、この返信を再度学級通信に掲載し、発行することで、さらに学びを深めることができた。

　翌2007年度は、光市母子殺害事件の被害者遺族で、全国犯罪被害者の会（当時）で幹事を務めた本村洋さんからメールをいただいた他、死刑廃止を推進す

「アウトプットする公民の授業」イメージ図

【教材研究】

アウトプットを念頭に資料を準備し、授業の展開を検討する。

【実際の授業】

――――インプット型――――
一般的には、１時間単位の講義型授業である。生徒が自分の考えをアウトプットする場面もある。

――――アウトプット型――――
数時間単位の単元で構成し、最後に生徒に感想をまとめさせる。アウトプットするためには、インプットする場面もたくさんある。

――――生徒どうしが学びあえる学習形態――――
生徒は教材や教師からだけでなく、グループ活動などを通して、自分とは異なる考え方をした友だちからも学んでいる。

【授業後の取り組み】

――――アウトプット――――
生徒の感想を、学級通信に掲載し、家庭や教材に関係する方々に送付する。読んだ方から返信されることもあり、これを再度学級通信に掲載する。さらに生徒の感想を新聞の投稿欄などに送付すると読者から反響があることも少なくない。

――――インプット――――
生徒の感想を読んだ保護者や教材に関係する方々、新聞の読者などの返信から、生徒はさらに自分の考えを深めることができる。

る議員連盟（当時）会長の亀井静香さんは、職員室に直接電話をかけてくださった。こうした取り組みが先駆けとなって、本書で紹介する「LGBT」や「臓器移植」、「核兵器」などの授業後の取り組みにつながっている。この他の取り組みとして、生徒たちの感想を『山陰中央新報』の学生向け投稿欄である「ヤングこだま」欄に投稿し、掲載していただいている。時々、読者の方から反響があるのも楽しみだ。まさに「こだま」が返ってくることで、生徒たちの学びは深まるのである。

生徒にとって「切実」な教材を提供したい

アウトプット型の授業は、「教科書を教える」だけでは成り立たない。教材そのものが、生徒にとって「切実」でなければならないからである。授業は生もので、ネタである教材が新鮮でなければ、生徒たちは深く考えてはくれない。私たちの社会が「現在」抱えている課題に加え、「過去」から学べたり、「将来」を見通したりできる教材を生徒たちには提供したいと強く思うようになった。普段から情報をキャッチするアンテナを高く掲げ、資料を準備する姿勢が必要である。

授業の中では、たくさんの新聞記事を提示することにしている。生徒たちに深く考えさせるため、どんな新聞記事を提示するのかを検討することは、教材研究の醍醐味である。そのためには、新聞記事の整理が欠かせない。2017年度からは吉賀町立六日市中学校が、2019年度からは転勤した津和野町立津和野中学校が、それぞれNIE（教育に新聞を）実践校に指定されたこともあって、日々多くの新聞記事に目を通し、スクラップする。A4のコピー用紙に新聞記事を貼り、新聞社名と日付を記してクリアファイルにストックする。クリアファイルに、「日本国憲法」や「死刑制度」などのタイトルを記しておけば、いつでも取り出せる。A4よりも大きな新聞記事は、1面そのものを折ってストックしている。わかりやすいニュース解説で定評のある池上彰さんも、朝日新聞のインタビューで以下のように語っているので、一部引用する。

Q 池上さんは新聞のスクラップを続けているそうですね。
A 中学生のとき、東京五輪があり、保健体育の先生から新聞のスクラップをする宿題が出されました。私は選手村での出来事を切り抜いてスクラップ帳に貼り

ました。さらにコメントを書き、ニュースをどう判断するかを考えました。これが初めてのスクラップ体験です。

　記者になってからは、ずっと続けています。A4の紙に1つの記事を貼っています。整理は同じ形で整えるのが大事です。今は忙しくなって、取っている新聞9紙の中から気になった記事のあるページをビリビリと破って、とりあえずテーマごとにクリアファイルに突っ込みます。本当のニュース価値は後になってわかるもので、1、2か月後に取捨選択をしています。

（『朝日新聞』2016年9月7日）

　映像も重要な教材である。授業の中では、ほぼ毎時間、数分程度の映像を視聴させている。こうした映像の多くは、ドキュメンタリーやニュースなどのテレビ番組を録画し、編集したものであるが、時には映画のワンシーンを視聴させることもある。DVDには映像の内容とともに、その長さが何分かを記し、「政治」や「経済」など、テーマごとにケースに収納する。映像の長さを記すことで、授業を展開する上での目安となるからである。映像そのものが生徒たちに訴える力を持っていれば話は別であるが、そうでなければ1つの映像は3分程度にとどめたい。ダラダラと視聴させることで、授業のリズムを失っていくからである。

　この他にも、本を読むこと、映画を見ること、どこかに出かけることなども、資料を準備するいい機会となる。例えば、本の中にあった資料を授業の中で提示できることもあれば、本を読むことで単元構成が頭に浮かぶこともある。映画のパンフレットや出かけた時の写真が、価値のある教材になることも多い。

授業展開を工夫したい

　教材の準備と並行しながら、授業の展開を考えていくことも、教材研究の1つである。生徒たちを引きつけるために、どんな導入や発問をしたらいいのかなど、検討していくことはたくさんある。例えば導入の場面、前時のふりかえりを生徒たちと言葉のキャッチボールでやりとりするのも楽しいし、インパクトのある実物教材を提示するだけでも盛り上がる。生産の集中を扱う授業、「日本でビールを生産している会社を知ってる？」という問いに、おそらく生徒たちは「アサヒ」や「キリン」などと、すぐに反応する。間髪入れずに、磁石をつけておいた「アサヒ」や「キリン」などのビールの空き缶を黒板に貼りつけると、「何でくっつくんですか？」、「全部先生が飲んだんですか？」などの発言があり、導入としてはインパクトが大きい。その後、寡占状態の業界について学んでいく動機づけにもなる。また、意外性のある発問を検討すること

で、授業は活性化する。立憲主義を学ぶ中で、「憲法を守らないといけない人って誰？」という問いに対し、生徒たちの多くは「国民」との認識を示す。しかし、憲法99条を確認すると、憲法擁護義務のある人たちに中に、一般の「国民」は規定されていない。こうした学習活動によって、生徒たちは立憲主義について理解を深めていくのである。

この他にも教材研究には、板書計画を立てたり、資料を準備したりと、さまざまなものがある。板書やプリント資料については後述することにして、ここでは全体に提示する資料についてまとめておきたい。写真や新聞記事などを提示する場合、実物投影機を使うと便利である。電子黒板が普及し、パワーポイントなどのプレゼンソフトを使う方も多いが、アナログ人間の私には、授業の流れによって資料の提示が自由にできる実物投影機の方が断然使いやすい。スキャナーで電子データ化した新聞記事やウィキペディアにある国旗などをプリントアウトし、ラミネートすれば、黒板に貼りつけることもできる。1時間の授業が終わった時、黒板を見ればその時間の学習内容もよくわかるはずだ。

インプット型の授業も充実させたい

アウトプットするためには、インプットすることがとても大切であることを実感している。インプットしたものがなければ、アウトプットできないし、仮にアウトプットしたとしても、その内容が希薄だからである。そういう意味においても、インプット型の授業を充実させなければならない。インプット型の授業とは、生徒が自分の考えをアウトプットする場面もあるが、一般的には1時間単位の講義型で展開する。生徒たちがインプットするためには、学習内容を理解できなければならない。その手立てとして、板書とプリント資料について、最後にまとめておきたい。基本的に板書は、日付とテーマ、学習内容について、白と蛍光オレンジのチョークのみでまとめていく。おそらく私の板書で特徴的なのは、文字を線で囲むことである。オーソドックスなのは、2重の線で囲むタイプであるが、対立関係を表すタイプもある。オリジナルで考えた板書のスタイルであるが、以前特別支援教育についての講演会を聞いた時、「文字を線で囲むと見えやすい」といった指摘があり、こうした板書が「理にかなっているのではないか」と自負している。

また、生徒たちにはA4サイズのノートを持たせていて、板書は左側のページにまとめさせている。そして右側のページには、

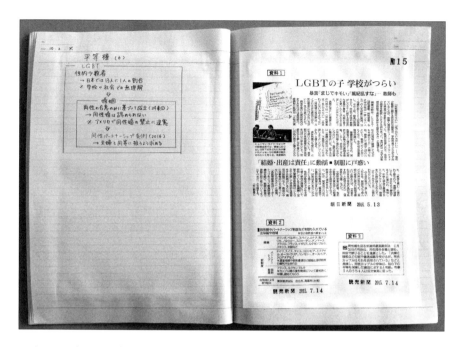

配布したプリント資料を貼らせている。プリント資料は、スクラップしておい
た新聞記事の中から、必要に応じて選択し、作成しているものが多いが、地図
や表に国名などを書き込んでいくワークシートのようなタイプのものもある。
B5サイズで1枚ほど作成するのが鉄則で、ノートの見開き2ページで1時間
の授業がまとめられる。通し番号も記載しており、授業の中で「ナンバー〇〇
のプリント見て」などとふりかえることもできるし、ノートを提出させた際に
も、プリント資料のナンバーを数えながらスムーズにチェックできる。

　なお本書は、2018年度における六日市中学校での実践をベースにしているが、
転勤した津和野中学校に合わせ、一部資料を津和野バージョンに改めている。
概ね見開き2ページで1時間の授業を記録し、板書内容については、生徒のノ
ートをそのままコピーさせてもらって掲載した。板書されたことだけではなく、
本人がメモした内容もそのまま残すことで、実際の授業がリアルに伝わるはず
である。
　社会科教育に携わる方々が本書を手に取っていただき、参考にしていただけ
ればと願っている。

1 ガイダンス

1．公民度チェック

⊙今日から公民の学習をはじめるけど、どんな学習内容なのかな。地理とか、歴史とかっていうのは、その言葉から学習する内容がイメージしやすいけど、公民ってイメージしにくいよね。そこで公民の学習のオープニングに、この公民度チェックをやってみよう。少し時間をとるので、あてはまる数字に〇してみよう。

＊公民の学習へのガイダンスという位置づけで実施する。「公民度チェック」の内容については、学校や地域の実態に合わせてアレンジする。

＊個人で〇付けした後、グループで意見交換させてもよい。

⊙それでは公民度チェックについて、1つずつ解説するよ。

＊以下、生徒たちとやり取りしながら解説する。

・2　2018年6月、民法が改正され、2022年4月1日から成人年齢を18歳に引き下げることになった。これに伴って、女性が結婚できる年齢を、男性と同じ18歳に引き上げた。

・6　生徒たちは、案外「安倍晋三」とフルネームで書けない。「晋三」がわからなかったり、「阿部」や「安部」と書いたりする生徒も多い。

・9　衆議院議員や参議院議員の選挙があることがわかっていれば〇だが、これが明確でなけでは衆議院がいつ解散されるのかわからないので、「わからない」というのが正解の年も多い。

・11　メディアで取り上げられることの多い小池百合子東京都知事の名前は知っていても、案外（地元の）丸山達也島根県知事の名前は知らないことが多い。

・12　「平成の大合併」によって、島根県では59あった市町村が19にまで減った。

・13　公職選挙法の規定により、くじ引きで決定する。2010年4月に実施された島根県津和野町の町議会議員選挙（定数16）では、16位が248票の同数だったため、町選挙管理委員会がくじ引きで決めた。

・14　高知県大川村では、村議会（定数6）を廃止し、地方自治法に基づいて、村民の有権者全員で構成する総会を設置する検討をはじめた。

・25　竹島へは、韓国側から観光目的で渡航することが可能である。年間約100人の日本人が渡航している。外務省は「韓国側の管轄権を認めることになる」との理由から、日本人に渡航の自粛を求めている。

2．学習内容

⊙公民で学習する内容が、なんとなくイメージできたかな。それでは教科書の

目次のページを開いてみよう。公民の学習は、大きく分類すると、現代社会、日本国憲法、政治、経済、国際社会という５つの内容から成り立っているんだよ。次の時間、まずは現代社会から学んでいくことにします。それではノートの１ページ目に、公民度チェックを貼っておこう。

＊Ａ４判のノートの１ページ目に、Ｂ５判の公民度チェックを貼るよう指示する。これ以降、左のページに板書内容をまとめ、右のページに授業プリントを貼る。ノートの見開き２ページで１時間の学習内容をまとめることが可能になる。

公民度チェック （2019－20）

以下の文を読んで、あてはまる番号に〇をしよう。

1　マンガ「サザエさん」に登場する「タラちゃん」の姓を知っている。
2　自分の結婚できる年齢を知っている。
3　日本国憲法の第１条は何について述べられているのか知っている。
4　日本国憲法が定める基本的人権の中にはどんな権利があるのか、２つ以上知っている。
5　LGBTという言葉を聞いたことがある。
6　現在の内閣総理大臣の名前を漢字で書くことができる。
7　誰が内閣総理大臣を決めるのか知っている。
8　国会にある２つの議院の名前を知っている。
9　来年国会議員を選ぶ選挙があるのか、ないのか知っている。
10　現在のアメリカ、ロシア、韓国の大統領を知っている。
11　島根県と東京都の知事の名前を漢字で書くことができる。
12　島根県の市町村は合併によって59からいくつになったのか知っている。
13　選挙で最下位当選の人が同じ得票だった場合、どんな方法で当選者を決定するのか知っている。
14　人口減少によって、地方議会の存続が危ぶまれてきたため、地方議会に代わって総会を導入しようとした村が、どこの都道府県にあるのか知っている。
15　クレジットカードを見たことがある。
16　ビールのメーカーを３社知っている。
17　津和野町内で貯金できる場所を３か所知っている。
18　現在、１ドルが約何円か知っている。
19　現在、日経平均株価が約何円か知っている。
20　公共職業安定所のことを一般的に何というか知っている。
21　世界には約何か国あるのか知っている。
22　国際連合の本部がある都市を知っている。
23　1997年、地球温暖化についての国際的な会議が開かれた日本の都市がどこか知っている。
24　トランプ大統領が離脱した、気候変動の抑制に関する国際的な協定を何というか知っている。
25　安全に竹島へ渡航する方法を知っている。
26　「アラブの春」という言葉を聞いたことがある。

2 グローバル社会

1．グローバル化

◎最近、自分と世界がつながっているなあって感じることない？ ⇒ネットの普及、外国人の増加など

◎そうだよね。近くの工場やコンビニで働いている人たちの中に、外国にルーツがありそうな人を多く見かけるようにもなったね。ところで、私たちの身のまわりには、案外「MADE IN JAPAN」ではないモノが多いんだよ。調べてみよう。

＊授業プリントの中に、どんな製品がどこの国で生産されたかを書き込めるような表を準備する。生徒たちのペンケースの中にある文房具は、中国や台湾、ベトナム、タイなど、アジアで生産されたものが多い。

◎ヒトやモノ、カネ、情報などが、瞬時に国境を超え、地球規模で広がることを何というの？ ⇒グローバル化

◎現代社会のキーワードの１つであるグローバル社会について学んでいくことにしよう。

2．企業の海外進出

◎地理の時間にも学んだけど、多くの国に拠点があり、世界規模で活動する企業のことを何というの？ ⇒多国籍企業

◎日本の企業の中にもアジアへ進出する企業が多いけど、アジアへ進出するメリットって何？ ⇒人件費の安さ、豊富な労働力など

◎コールセンターって知ってるかな。電話対応ビジネスのことなんだけど、例えば家電などのパンフレットの裏にある「0120」ではじまる電話番号にかけるとするよね。どこにつながるかな。

＊家電のパンフレットなどを見せながら説明するとよい。

◎この新聞記事を読んでみよう。約4,000kmも離れたタイの首都バンコクにつながるんだって。電話していて、こんなこと気づかないよね。

3．産業の空洞化

◎日本の企業が生産の拠点を海外に移転した時、困ることってないかな？
　⇒雇用がなくなる

◎製造業の海外移転が続けば「５年間で300万人規模の雇用機会が失われる」っていう試算も、かつてあったんだよ。今まで国内で生産していたけど、その産業もなくなり、雇用もなくなって、空っぽになっちゃうよね。そのことを何というの？ ⇒産業の空洞化

4. 人手不足

◎一方で国内の労働者人口が減って、福祉などの分野で人手不足が深刻になっているって話、聞いたことあるよね。人手不足を解消するために、どうしたらいいの？　⇒外国人労働者を受け入れる

＊人手不足の解消については、グループで話し合わせてもよい。

◎2018年12月、改正入管難民法（出入国管理及び難民認定法）が成立し、外国人労働者の受け入れを拡大することになったんだよ。2019年4月以降、政府はどのくらいの外国人労働者の受け入れを見込んでいると思う？　⇒約34万人

◎政府は5年間で最大34万人あまりもの外国人労働者の受け入れを見込んでいるんだ。

製　品	生産国
修正テープ	マレーシア

海外で暮らす日本人が増えるなか、言葉の壁を逆手に取ったコールセンタービジネスもアジアで急伸する。海外在留邦人には企業の顧客対応なども含まれる。

◇

「不思議な職場。外国にいることを忘れてしまう」

は、約5200億円規模、100以上の事業者が受注拡大しのぎを削る。90年代後半以降、都会さえ人件費が低い東北や山陰、沖縄などに相次いで拠点を設け、さらなるコスト抑制のためアジアへ進出していった。米国では、英語圏得意者が多いインドやフィリピンに拠点を置き、現地の人から日本向けのサポート業務を請け負う。現地の人に比べれば物価は格段に安い。

日本人応対 コールセンター
つながる先は海外

コールセンターでオペレーターとして働く岩井さん（タイ・バンコクで）

間に合わせる。通常朝9時から午後3時まで。業務終了後は、語学学校に通う我が子に合わせて帰宅。在籍オペレーターなど20社以上の電話応対業務を請け負う。03年からは約4000人を超えるほどの電話番号を、約4000人を超えるほどの電話番号につながっていることに気付く利用者はない。

「マスターピース・グループ」（東京）。アウトソーシング会社の求人なら諦めていた人たちのニーズに合致したと説明。企業の求人なら諦めていた人たちがWEBサイトに採用され、タイにやって来た。日本企業のWEBサイト得したいという5000年に初任給は1万5000円で多い。

（『読売新聞』2011年1月3日）

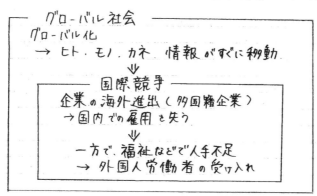

3 情報社会

1.情報化

⊙現代社会のキーワードの１つであるグローバル社会について学んだけど、瞬時に国境を超え、地球規模で広がるのは何？　⇒ヒト、モノ、カネ、情報

⊙そうだったね。この時間は現代社会のキーワードとして、さらに情報社会について考えていくことにしよう。みんなも日々情報を得ているんだけど、どんなところから得ているの？　⇒ネット、テレビなど

⊙ネットってみんなもよく利用するよね。ネットやスマホなどの情報通信技術のことをアルファベットで何というの？　⇒ICT

⊙こうしたICTが普及したのは近年のことなんだよね。例えば、携帯電話の端末の供給に家電メーカーが参入したのは1994年だし、パソコンが普及するきっかけになった「ウィンドウズ95」が発売されたのが1995年、ネットの普及は2000年頃なんだよ。

＊「ウィンドウズ95」の販売で熱狂する秋葉原のようすなど、当時のエピソードを語るのもよい。

2.ＳＮＳ

⊙ネットの普及は、やがて個人間のコミュニケーションツールを提供するようになったね。これがソーシャル・ネットワーキング・サービス。頭文字をとってSNSだね。どんなSNSを知ってるの？　⇒LINE、Facebook、Twitterなど

⊙実はこのSNSを利用することで、市民たちが政権を崩壊させてしまった国々があるんだよ。きっかけとなったのは、北アフリカにあるチュニジアという国。2010年12月、果物売りの青年が、露店での商売を役人にとがめられ、抗議の焼身自殺を図ったんだ。これを目撃した人たちが役所で抗議したんだけど、この時の映像がSNSで拡散し、各地でデモが繰り広げられる。やがて大統領の指示を受けた治安部隊がデモ隊に発砲し、多くの死傷者が出たんだ。この映像もSNSで拡散し、怒りが増幅した市民たちの力によって、大統領は国外に逃亡してしまったんだよ。青年の焼身自殺から政権が崩壊するまで、時間ってどのくらいかかったと思う？　⇒１か月たらず

⊙SNSの力ってすごいね。このチュニジアでの民主化の動きが、エジプトやリビアなどのアラブ諸国にも波及するんだけど、この動きのことを何というか知ってる？　⇒アラブの春

⊙一方で、SNSを含めたネット社会には課題もあるよね。どんな課題があるの？　⇒依存、犯罪、中傷、情報流出、デマなど

＊ネット社会の課題については、グループで話
し合わせてもよい。

⊙いろんな課題があるよね。2018年6月、大阪
北部地震の時、「シマウマ脱走」とか「京セラ
ドームに亀裂」、「京阪電車が枚方市で脱線」
というデマがTwitter上で拡散したんだ。2016
年4月の熊本地震では「動物園からライオン

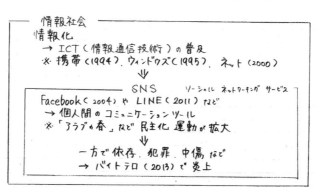

の右上:

「シマウマ脱走」「京セラドームに亀裂」
ツイッターにデマ飛び交う

（『朝日新聞』2018年6月19日）

放たれた」といったデマが流されたこともあったよ。情報の発信元を確認す
ることって大切かもしれないね。

＊アルバイトなどの店員による不適切な内容の投稿が相次いでいるが、いわゆ
る「バイトテロ」を話題にするのもよい。こうした投稿は、最悪の場合、店
舗の閉鎖に追い込まれたりして、投稿者が高額の賠償責任を負ったりする。

⊙最後に、みんなはネット依存になっていないかな。ネット依存度チェックを
やってみよう。5問以上にあてはまるとネット依存の疑いが強いんだって。

ネット依存度チェック

1	ネットに夢中になっていると感じているか
2	満足を得るためにネットを使う時間を長くしなければならないか
3	ネット使用を制限したり完全にやめようとしたりして失敗したことはあるか
4	ネット使用を制限してイライラしたことがあるか
5	使いはじめに意図したよりも長い時間続けているか
6	ネットのために人間関係や学校の活動を台無しにしたことがあるか
7	ネットへの熱中を隠すため周囲にうそをついたことがあるか
8	不安や落ち込みから逃れるためにネットを使うか

＊8問中、5問以上にあてはまるとネット依存の疑いが強い

```
┌─ 情報社会
│ 情報化
│   → ICT (情報通信技術) の普及
│  ※ 携帯 (1994), ウィンドウズ (1995), ネット (2000)
│              ⇓
│ ┌──────── SNS    ソーシャル ネットワーキング サービス
│ Facebook (2004) や LINE (2011) など
│   → 個人間の コミュニケーション ツール
│  ※ 「アラブの春」など 民主化 運動が拡大
│              ⇓
│   一方で 依存, 犯罪, 中傷 など
│   → バイトテロ (2013) で 炎上
```

4 少子高齢社会

1.少子高齢化

◎現代社会のキーワード、この時間は少子高齢社会について考えてみよう。よく少子化って聞くけど、そんなに子どもが生まれないのかな。女性が一生のうちに産む子どもの数って、平均すると何人くらいだと思う？ ⇒1.42人（2018）

＊生徒たちは自分の兄弟姉妹を思い浮かべるので、２人以上の数を回答することが多い。ここで自由に述べさせることで、実際とのギャップに驚く。

◎女性が一生のうちに産む子どもの数のことを合計特殊出生率っていうんだけど、実はこれ2018年現在で1.42なんだ。なぜこんなに低いの？ ⇒未婚や晩婚など

◎現代の労働環境や価値の多様化なども影響しているかもしれないね。では高齢化率って何％くらいだと思う？ ⇒28.4％（2019年）

◎つまり４人に１人が高齢者ってことだよね。ちなみに高齢者って何歳以上か知ってる？ ⇒65歳以上

◎高齢化率が何％を超えたら高齢化社会って言うの？ 高齢社会は？ 超高齢社会は？ ⇒７％、14％、21％

◎日本はすでに超高齢社会なんだよね。ちなみに島根県は32.5％で、秋田県、高知県に次いで３位だよ。島根県は1975年から35年連続１位だったけど、2010年に秋田県に抜かれたんだ。意外かもしれないけど、合計特殊出生率は1.75（2016年）で沖縄県に次いで２位だよ。出生数そのものは少ないけどね。島根県は日本社会の30年先をすでに進んでいるとも言われていて、これまでのさまざまな対策が今後の日本の参考になるらしいよ。

2.対策

◎こうした少子高齢社会への対策として、国会も法整備を進めているみたいだよ。教科書で調べてみよう。何という法律なの？ ⇒少子化社会対策基本法、改正育児・介護休業法

◎改正育児・介護休業法って、仕事と育児や介護の両立のために環境づくりを進める法律なんだけど、これまで家庭の中で育児や介護って誰が主に担ってきたの？ ⇒女性

◎近年、女性が社会の中で活躍したり、家族形態が多様化したりする中で、そうした環境づくりって絶対に必要だよね。男女の差に関係なく、個人の能力が発揮できる社会をつくりたいよね。ところで、2018年12月に世界経済フォ

ーラムが公表したジェンダーギャップ（男女格差）国別ランキングがあるん
だけど、日本は世界149か国中、何位だと思う？ ⇒110位

◎日本は110位で先進工業国で最下位レベルだ。女性の議員や閣僚、管理職も
少なく、大学進学率も男性に比べたら低いんだよね。そういえば2018年８月、
東京医科大学が女子受験者の得点を一律減点していたことが大きく報道され、
その後いくつかの医学系の大学で同じようなことがおこなわれていたことが
わかったんだ。明らかに女性への差別だよね。この他に女性の社会進出を阻
むようなことって、どんなことがあるかな？ ⇒セクハラ、マタハラ、待機
児童など

＊女性を取り巻く課題については、グループで話し合わせてもよい。

◎最後に、ジェンダーギャップ７位のニュージーランドのある女性を紹介する
ね。実はこの女性、現職の首相で、出産後に６週間産休を取り、公務に復帰
したんだ。ニュージーランドでは、首相に続き、女性相も産休を取ったんだ
よ。現代の日本では女性の閣僚そのものが少ないけど、こういうことが当た
り前になるような社会をつくっていきたいよね。

ジェンダーギャップ（2018年）

1位	アイスランド	8位	フィリピン
2位	ノルウェー	9位	アイルランド
3位	スウェーデン	10位	ナミビア
4位	フィンランド	51位	アメリカ
5位	ニカラグア	103位	中国
6位	ルワンダ	110位	日本
7位	ニュージーランド	115位	韓国

『山陰中央新報』2018年6月22日

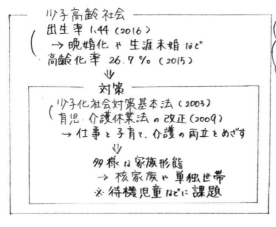

5　異文化理解

1.文化
◎これまで現代社会のキーワードについて３時間かけて学んできたけど、これ
からの２時間は現代社会の中の文化について学ぶことにするね。ところで文
化って言葉を聞いて、イメージすることってどんなこと？　⇒東山文化、文
化祭など

◎文化って、いったい何なんだろう。教科書の中には、大きく３つの側面が紹
介されているので確認しよう。⇒技術、芸術、宗教

◎こうした側面に加えて、マナーやルールなども含めた生活スタイルのことを
文化っていうんだよ。文化には、こちらの文化が優れているとか、劣ってい
るっていう言い方ができるかな。例えば日本では食器を持って食べるのがマ
ナーだけど、韓国では食器を持たずに食べるのがマナーなんだよね。日本の
文化の方が韓国の文化より優れているって言える？　⇒言えない

◎文化はあくまでも生活スタイルなので、優劣はないんだよ。この時間は、そ
んな異文化を理解することについて考えてみよう。

2.イスラム教
◎地理で学んだ世界三大宗教って覚えてる？　⇒キリスト教、イスラム教、仏
教

◎このうち私たちにあまりなじみがない宗教って何？　⇒イスラム教

◎イスラム教って、世界のどのあたりで信仰されていたの？　⇒西アジア、北
アフリカなど

◎イスラム教の信者って、年々増加しているんだけど、誰が開いたの？　神の
名前は何？　⇒ムハンマド、アラー

◎唯一神アラーだったね。日本の神道が八百万の神々なのに比べると、すごい
違いだね。

3.パリ銃撃テロ
◎2015年１月、フランスの政治週刊紙シャルリー・エブドのパリ本社が銃撃さ
れ、12人が死亡するテロ事件が起きた。きっかけはシャルリー・エブドが、
ムハンマドの風刺画を度々掲載したことだった。シャルリー・エブドは風刺
画が売りの週刊紙で、歴史的に見るとこうした風刺画はフランス革命を引き
起こす土壌となったこともあり、文化だと受け止められている。その後フラ
ンスでは反テロのデモ行進がおこなわれ、パリでは第２次世界大戦で解放さ
れた時の約100万人をしのぐ約120万人が、フランス全土では約370万人がこ

のデモ行進に参加したんだ。大統領をはじめ、各国首脳約50人も参加したんだよ。一方でイスラム教は偶像崇拝、つまり神を像や絵で表現することを禁止しているんだ。いくら風刺画がフランスの文化でも、こうしたイスラム教の文化に目を背け、これを信仰する人々を侮蔑するような「表現の自由」って認められるのだろうか。

＊こうした対立する価値について、グループで話し合わせてもよい。展開次第によっては、アウトプット型の授業にできる。

◎その後シャルリー・エブドはどうしたかな。

◎シャルリー・エブドは事件後、特別号を発刊したんだ。この表紙に掲載されたのは、「私はシャルリー」と書かれた札を持つムハンマドだった。

世界のイスラム教徒の人口の推移（単位：億人）

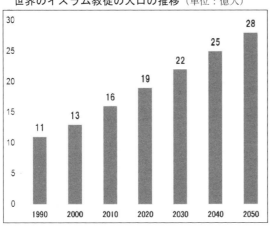

（『山陰中央新報』2015年1月9日）

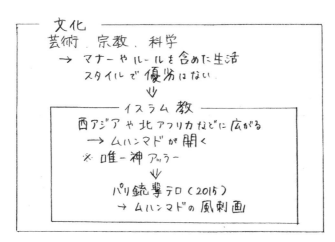

6 伝統文化

1.伝統文化
⊙異文化理解について学んだけど、この時間も文化の話だよ。長い歴史の中で培われ、受け継がれてきた文化のことを何というの？ ⇒伝統文化
⊙津和野（校区）にもこうした伝統文化ってあるよね。例えば、夏に弥栄神社の祭りで舞われるのは？ ⇒鷺舞
⊙石見神楽をやっている生徒もいると思うけど、石見神楽だって鷺舞同様、伝統文化であり、文化財なんだよ。津和野の郷土料理といえば、笹山地区の里芋と鯛を使ったあの料理は何？ ⇒芋煮
⊙私たちのくらしの中にある衣食住や年中行事だって伝統文化なんだ。
＊伝統文化については、それぞれの学校や地域の実情に合わせて確認したい。

2.捕鯨
⊙この時間は、そんな衣食住の中の食、特にある食材にスポットをあてて考えてみよう。この食材、戦後の食糧難の時代、日本人のお腹を満たした貴重なたんぱく源だったんだよ。この食材って何？ ⇒鯨
⊙鯨って食べたことあるかなあ。かつては学校給食にもよく登場してたんだけど、今はほとんど見かけなくなったね。この近くでも山口県下関市や長門市などでは、捕鯨がおこなわれていたんだよ。そういえば、かつて下関市にあった大洋ホエールズという球団、現在の横浜DeNAベイスターズの前身なんだけど、捕鯨をしていた大洋漁業（現・マルハニチロ）が親会社だ。「ホエールズ」のホエール（whale）は鯨だね。この捕鯨なんだけど、日本の古式捕鯨発祥の地とされるのが和歌山県太地町なんだ。太地町は捕鯨文化が息づいていて、現在でも近海で捕鯨がおこなわれているんだよ。鯨類というのは鯨やイルカのことなんだけど、みんなが水族館で見るイルカショーのイルカの多くは、ここの追い込み漁で捕獲されたものなんだ。ただ捕鯨については、近年反捕鯨国や団体から批判されてるんだよね。なぜなの？ ⇒残酷
⊙日本は、1934年から南極海で捕鯨をおこなってきたんだけど、こうした批判にさらされて、1985年に商業捕鯨をやめたんだ。1987年から調査捕鯨をおこなってきたんだけど、2014年3月、国際司法裁判所は日本の調査捕鯨について、国際捕鯨取締条約に違反しているとして、中止を言い渡した。2012年12月、日本は国際捕鯨委員会（IWC）から脱退し、2019年7月から約30年ぶりに商業捕鯨を再開することになったんだ。日本の食文化を守るということと、国際秩序を守るということ、ジレンマを抱えて難しい問題だけど、みんなは

どう思うかな。

＊こうした対立する価値について、グループで話し合わせてもよい。展開次第
によっては、アウトプット型の授業にできる。

⊙国際的な批判の中、IWCから脱退し、調査捕鯨を再開したけど、少し心配な
こともあるんだよ。食糧難の時代と違って、牛肉や豚肉、鶏肉など、たんぱ
く源がある中で、鯨肉にどれだけの需要があるのだろうかっていうこと。み
んなは鯨を食べる？　⇒食べる or 食べない

⊙最後にもう１つ。個人的には、鯨を食べることを残酷だとは思わないんだよ
ね。私たちは生きとし生けるものを殺めないと生きていけないから。殺めず
に口にできるのは、水と塩ぐらいだよね。ただ、かつて韓国に行った時に複
雑な思いをしたことがあるんだ。この写真、塀にポシンタンって書いてある
けど、何かわかる？　⇒犬肉のスープ

⊙我が家では愛犬を飼っているんだけど、さすがに犬の肉を食べることって、
きっとできないんだろうなあ。

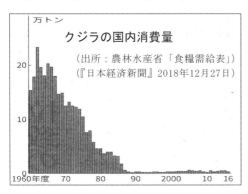

보신탕（ポシンタン）

7 人権の歴史

1. フランス革命と人権

◎現代社会の学習が終わったので、この時間から公民の学習の２つ目の内容、日本国憲法について学んでいこう。その前に、少し歴史の復習をするよ。18世紀後半、ヨーロッパでは大きな変化が２つあったけど、覚えてる？ ⇒市民革命、産業革命

◎市民革命の中にはいろんな革命があったけど、代表的な革命は何？ ⇒フランス革命

◎フランス革命の前までは、国王の権限がとても強かったよね。こういう政治のことを何というの？ ⇒絶対王政

◎フランス革命の時に出された文書って何だったか覚えてる？ ⇒フランス人権宣言

◎第１条って覚えてるかな？プリントの空欄を埋めてみて。⇒自由、平等

◎人は自由で平等なんだって。そんなの当たり前だと思うかもしれないけど、この時世界ではじめて自由や平等という言葉が公の文書に記されたんだ。

◎では、こうした考え方に影響を与えた思想家がいたよね。２人ほど確認するけど、誰だったか覚えてる？ ⇒モンテスキュー、ルソー

◎モンテスキューは『法の精神』を著し、どんなことを主張したの？ ⇒三権分立

◎三権分立の三権って、つまり国家がもっている３つの権力なんだけど、これらを何というの？ ⇒立法権、行政権、司法権

◎現在の日本では、この国家権力をどこが担ってるの？ 立法権は？ 行政権は？ 司法権は？ ⇒国会、内閣、裁判所

◎これから政治について学んでいくんだけど、結局学ぶことは端的に言えば、この三権分立のあり方についてなんだよね。今は国家権力が分けられているけど、フランス革命以前にこの権力を握っていたのは誰？ ⇒国王

◎つまり、それまでは国王が支配のために法を定める「人の支配」だったけど、国民を代表する議会が法を定めて、その法に国王が従うようになったんだね。これを人の支配に対して何というの？ ⇒法の支配

◎もう１人のルソーは『社会契約論』を著し、どんなことを主張したの？ ⇒人民主権

◎人民主権って、日本国憲法の三大原則につながっていくんだけど、これは何？ ⇒国民主権

2. 産業革命と人権

⦿産業革命に伴って、工場などを経営できた人たちのことを何というの？ ⇒
資本家

⦿その資本家のもとで働いた人たちのことは？ ⇒労働者

⦿資本家が労働者を雇って、利益を目的に生産活動する経済システムを何とい
うの？ ⇒資本主義

⦿ところが、この資本主義の進展に伴って、さまざまな問題も現れるようになっ
たよね。どんなこと？ ⇒長時間労働、低賃金、児童労働、生活環境の悪化など

⦿こうした問題から、人間らしく生きる権利が求められていくことになったん
だけど、この権利のことを社会権っていうんだよ。世界ではじめて社会権を
規定した憲法って何？ どこの国？ ⇒ワイマール憲法、ドイツ

⦿自由権、平等権、社会権がどう位置づけられてきたのかを学んできたけど、
こうした権利のことをまとめて基本的人権っていうんだよ。基本的人権につ
いて、これから一緒に考えていくことにするね。

『**フランス人権宣言**』第1条「人は、（1　　　　　　　　　　）、かつ、権
利において（2　　　　　　　　　）なものとして生まれ、生存する。

人物名（　　　　　　）

『社会契約論』を著し、

（　　　　　　　　　）

を主張。

人物名（　　　　　　）

『法の精神』を著し、

（　　　　　　　　　）

を主張。

近代ヨーロッパ
フランス革命（1789）における人権宣言
→ 自由権. 平等権 の 確認
・ルソー 「社会契約論」
　※ 人民主権を主張
・モンテスキュー 「法の精神」
　※ 三権分立
　　　　　⬇
産業革命（18世紀後半）
資本主義 により 長時間. 低賃金労働
→ ワイマール憲法（1919）
※ 社会権 の 規定

立法権
国会

行政権
内閣

司法権
裁判所

8 人権規定と天皇

1. 前時の復習
◎ヨーロッパの人権思想家ってどんな人がいたの？ ⇒ルソー、モンテスキュー
◎ワイマール憲法で認められたのは何権？ ⇒社会権　など

2. 大日本帝国憲法における人権
◎大日本帝国憲法のもとで、人権は認められたのだろうか？ ⇒国の元首である天皇が与えた「臣民ノ権利」で「法律ノ範囲内ニ於テ」って書いてある。
◎何権が認められたの？ ⇒自由権だけ
◎「法律ノ範囲内ニ於テ」ってことは、法律で制限できるってことだよね。歴史を学んだけど、何か思い出す法律ない？ ⇒治安維持法

3. 日本国憲法における人権
◎その後戦争を経験し、できたのが日本国憲法だったね。三大原則って何だった？ ⇒国民主権、基本的人権の尊重、平和主義
◎憲法第11条を確認してみよう。「侵すことのできない永久の権利」ってあるね。認められたのは自由権だけ？ ⇒平等権や社会権なども

4. 立憲主義
◎ところで、憲法を守らないといけない人って誰？ ここに6枚のカードを準備したので、憲法を守らないといけない人とそうではない人を分類しよう。
＊グループ活動で分類させてもよい。分類後、学級全体でシェアする。
◎実は憲法を守らないといけない人って、憲法に書いてあるので調べてみよう。何条にあるの？ ⇒99条
◎守らないといけないのは誰？ ⇒天皇、国務大臣、国会議員、裁判官、公務員
◎一般の国民は？ ⇒書いてない。
◎前の時間に「法の支配」って学んだけど、政治権力を憲法によって制限し、憲法に基づいて政治をおこなうことを何というの？ ⇒立憲主義
◎広島の弁護士さんが『檻の中のライオン』って本を書いたけど、この本の中でライオンを政治権力に、檻を憲法に例え、政治権力を憲法で拘束する立憲主義について説明しているよ。わかりやすいよね。
＊新聞記事などを利用し、政治権力が主導する改憲論議への違和感を伝えることもできる。

5. 天皇
◎主権者ではなくなった天皇について、憲法何条に書いてあるの？ ⇒1条
◎象徴天皇制になったんだね。天皇って、何をしてるの？ ⇒国事行為

⊙国会の召集などの形式的で儀礼的な行為だね。誰の助言と承認が必要なの？
　⇒内閣

⊙あなたたちの登校日って、1年間で約200日なんだけど、天皇の公務日数って、1年間でどのくらいだと思う？ ⇒約250日

⊙高齢になった天皇には過酷だよね。約200年ぶりの生前退位が実現したのもわかるね。

守る義務がある人	守る義務がない人
天皇	国民
国務大臣	
国会議員	
裁判官	
公務員	

← グループ活動で分類させるカードとシートのイメージ。生徒たちは、案外「守る義務がある人」の中に国民を入れるので、この活動の後に立憲主義について説明すると、理解が深まる。

（『檻の中のライオン』かもがわ出版より）

■天皇陛下の公務の日数 （宮内庁まとめ）	
2015年	261／365（72％）
14年	251／365（69％）
13年	274／365（75％）
12年	242／366（66％）

全国1741市町村（東京23区含む）のうち即位後に天皇、皇后両陛下が訪れたのは535市町村。訪問件数は年平均75.4件

（『朝日新聞』2016年8月9日）

人権の規定
大日本帝国憲法（1889）
　→「法律ノ範囲内」で認められる
　※ 治安維持法 などで制限
　　　↓
日本国憲法（1946）
国民主権、基本的人権の尊重、平和主義
　→ 象徴天皇制
　　　↓
天皇の国事行為
　→ 国会の召集 など
　※ 内閣の助言と承認が必要

オリ
天皇
裁判官
国会議員
公務員
国務大臣

オリは国民がつくる
国民

9 基本的人権の尊重

1. 基本的人権
⊙基本的人権にはどんな権利があったの？ ⇒自由権、平等権、社会権
⊙基本的人権について規定されているのは第何条だった？ ⇒11条
⊙この条文、もう1度読んでみよう。基本的人権は、侵すことのできない永久
の権利と規定されていたね。世界では1948年、国際連合がある宣言を採択し
たんだけどわかる？ ⇒世界人権宣言
⊙12月の人権週間もこの宣言が採択されたのにちなんでのものなんだよね。こ
の宣言を具体化するため、1966年に採択されたものは何？ ⇒国際人権規約
⊙1989年には、18歳未満の子どもの意見表明権なども保障した条約も採択され
たけど、この条約を何というの？ ⇒子どもの権利条約

2. ハンセン病
⊙日本や世界で人権が保障されるようになってきたんだけど、それとは裏腹に
国家権力によって人権が侵害されることもあったんだよ。ハンセン病って聞
いたことあるかな。ハンセン病というのは、らい菌によって手足などの末梢
神経が侵される感染症のことなんだ。らい菌を発見したノルウェーの医師の
名前からハンセン病って言うんだけど、感染によって汗が出なくなったり、
痛いとか熱いといった感覚がなくなったりするんだ。顔や手足が変形する後
遺症が残ることもあったため、差別や偏見の対象となってきたんだよ。かつ
て患者たちは自宅で身をひそめるか、自宅を出て放浪し、神社仏閣の門前な
どで物乞いなどをしてくらしたとされる。こうした放浪患者が欧米人の目に
映ってしまうことを嫌った明治政府は、隔離政策をはじめるんだ。実はらい
菌というのは、感染力が極めて弱く、特効薬もあって今では治る病気だよ。
ちなみにアメリカで特効薬の有効性が報告されたのは何年のこと？ ⇒1943年
⊙1943年って、どんな時代？ ⇒アジア・太平洋戦争中
⊙日本で治験、つまり薬の効果を確かめはじめたのは、アジア・太平洋戦争後
の1947年だよね。この頃にはハンセン病は治る病気になってきたんだよね。
隔離された患者さんたちはどうなった？ ⇒らい予防法が制定されて強制隔
離が継続する
⊙らい予防法が廃止されたのは何年？ ⇒1996年
⊙ということは約90年、特効薬の効果が確認されはじめてからも約50年に及ぶ
隔離が続いたわけだね。患者さんたちが隔離された国立療養所は、全国に13
か所あり、子どもを産めないような手術をされたり、ふるさととのつながり

を絶たれたりしたんだ。ふるさとの墓にも入れず、療養所にある納骨堂に遺骨が安置されているケースも少なくない。2018年4月現在、入所者は1,450人あまりで、年々減少しているよ。治る病気になったので、新たに入所する人はいないからね。香川県高松市沖の大島青松園（せいしょう）に行ったことがあるけど、元患者さんが「だんだん人がいなくなるのがさみしい」と言っていたのが印象的だった。考えてみると、元患者という言い方も変だよね。例えばインフルエンザに感染して治癒した人に、元患者なんて言葉、使わないよね。こういう言葉1つとっても、見直す必要があると思うな。最後に、長島愛生園（あいせい）、邑久光明園（おくこうみょう）、大島青松園の「瀬戸内3園」について、世界遺産登録をめざす動きがあるんだよ。国家権力によって人権が侵害された歴史を後世に残していくことって大事だよね。

＊時間が許せば、映画『あん』（監督・脚本：河瀬直美、原作：ドリアン助川）などを視聴させることで、ハンセン病についての理解を深めることもできる。

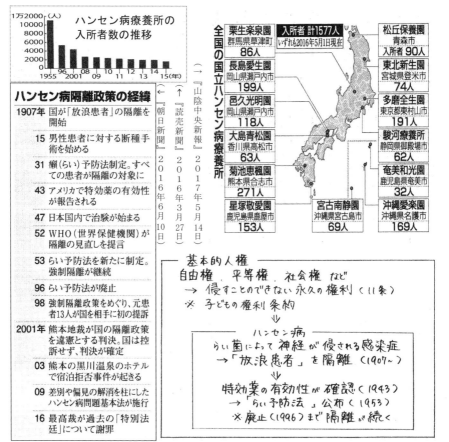

ハンセン病療養所の入所者数の推移

1万2000(人)								
1955	96	2001	08	09	10	11	12	13	15(年)

ハンセン病隔離政策の経緯

1907年	国が「放浪患者」の隔離を開始
15	男性患者に対する断種手術を始める
31	癩（らい）予防法制定。すべての患者が隔離の対象に
43	アメリカで特効薬の有効性が報告される
47	日本国内で治験が始まる
52	WHO（世界保健機関）が隔離の見直しを提言
53	らい予防法を新たに制定。強制隔離が継続
96	らい予防法が廃止
98	強制隔離政策をめぐり、元患者13人が国を相手に初の提訴
2001年	熊本地裁が国の隔離政策を違憲とする判決。国は控訴せず、判決が確定
03	熊本の黒川温泉のホテルで宿泊拒否事件が起きる
09	差別や偏見の解消を柱にしたハンセン病問題基本法が施行
16	最高裁が過去の「特別法廷」について謝罪

（→『山陰中央新報』2017年5月14日）（『読売新聞』2016年3月27日）『朝日新聞』2016年6月10日）

全国の国立ハンセン病療養所

入所者 計1577人 いずれも2016年5月1日現在

栗生楽泉園 群馬県草津町 86人
長島愛生園 岡山県瀬戸内市 199人
邑久光明園 岡山県瀬戸内市 118人
大島青松園 香川県高松市 63人
菊池恵楓園 熊本県合志市 271人
星塚敬愛園 鹿児島県鹿屋市 153人
松丘保養園 青森市 入所者90人
東北新生園 宮城県登米市 74人
多磨全生園 東京都東村山市 191人
駿河療養所 静岡県御殿場市 62人
奄美和光園 鹿児島県奄美市 32人
沖縄愛楽園 沖縄県名護市 169人
宮古南静園 沖縄県宮古島市 69人

基本的人権
自由権　平等権　社会権　など
　→　侵すことのできない永久の権利（11条）
※　子どもの権利条約

ハンセン病
らい菌によって神経が侵される感染症
　→「放浪患者」を隔離（1907～）
特効薬の有効性が確認（1943）
　→「らい予防法」公布（1953）
※廃止（1996）まで隔離が続く

10 部落差別

1.法の下の平等

⊙基本的人権にはどんな権利があったの？ ⇒自由権、平等権、社会権

⊙これら基本的人権のうち、この時間から、しばらく平等権について学んでいこうと思います。平等権については、第何条に記されているの？ ⇒14条

⊙この条文を読んでみよう。「法の下に平等」で、「差別されない」ってあるよね。差別って、もうなくなったの？ ⇒なくなっていない

⊙どんな人たちへの差別があるの？ ⇒被差別部落の人たち、アイヌ、在日コリアン、女性、障がい者、ハンセン病の元患者など

2.部落差別

⊙みんな肉好きだよね。肉を使った、どんな料理が好き？ ⇒焼肉、すき焼き、ステーキ、とんかつなど

⊙料理する前の肉について考えてみようか。スーパーで売られている肉はカットされたものだよね。その前ってどんな状態なのか想像してみて。生きている牛や豚などの命を奪い、皮をはいで食肉に解体する人たちがいるよね。坂本義喜さんは熊本市食肉センターで食肉解体作業員だったんだけど、動物が苦しまないように一瞬で天国へ送るんだって。苦しませてしまうと、動物にとってもストレスで、肉の中に血の斑点が入ってしまうそうだ。「殺す」っていう言葉も使わず、動物を苦しみから解き放つという意味で、命を「解く」っていうんだって。この仕事に誇りをもっているんだ。一方でこの仕事に就いていることで差別にもさらされてきたんだ。どんな差別なの？ ⇒部落差別

＊『絵本　いのちをいただく　みいちゃんがお肉になる日』（原案：坂本善喜、作：内田美智子、魚戸おさむとゆかいななかまたち）を紹介しながら話してもよい。

⊙この時間は、部落差別について考えていくことにするよ。このルーツは近世以前からあって、ケガレを畏れ、やがてそれに関わった人たちを差別するようになったんだよね。この人たちって、どんな仕事をしていたの？ ⇒死牛馬の解体、皮革の製造、町の警備、寺社の清掃、刑の執行、芸能など

⊙必要な仕事や役割を担ってきた人たちだけど、自分たちとは異質な存在だとして、近世以降差別が強まってきたんだよね。その後明治政府は、太政官布告を出したんだけど、これを何というか覚えてる？ ⇒解放令

⊙これで部落差別はなくなったの？ ⇒なくならない

⊙差別された人たちの呼び名が廃止され、平民に編入されたけど、対策も不十

分だったこともあって、人々の差別意識や慣習もなかなか改まらなかったんだよね。どんな場面で、差別が根強く残っているの？　⇒結婚、就職、居住など

◎かつて被差別部落の所在地や職業などがリストになった『部落地名総監』という書籍が、数種類販売されたんだ。身元調査などを目的に企業の人事担当者たちが購入していたんだよね。近年ではグーグルマップに「部落」と書き込まれた事案など、ネット上の差別も野放しになっています。政府はどんな対策をしているのかな。1965年、ある審議会の答申を受けとめたんだけど、この審議会を何というの？　⇒同和対策審議会

◎この答申の中で、部落差別の早急な解決について、どう規定されたの？　⇒国の責務、国民の課題

◎2016年12月には、部落差別解消法も成立したよ。ネット上の地名リストが掲示された問題など、対応を急がなければならないよね。

（『いのちをいただく』講談社）

《『朝日新聞』2017年6月4日》

グーグルマップに「部落」
駅名改ざん、指摘後に削除

地図検索サイト「グーグルマップ」上で、大阪市内の私鉄の駅名が何者かに書き換えられ、「部落」と付け加えられた状態で表示されていたことがわかった。市や部落解放同盟大阪府連合会などが指摘し、3京都」に「グーグル社から連絡を受け、同日午後3時過ぎごろ

地図検索サイト「グーグル」から発覚しても表示されない行為。拡散を止めることも難しい。ネット上の差別が野に悪質で許されない行為。私鉄の数料が何者かに書き込みに気付いた人たちから被害を食い止める難しさも加わった状態で表示され別解消推進法が成立。大阪されていたことがわかった。府も2015年に条例を施し、指摘を知り、大阪市やと別しとして村井康利・部落解放同盟大阪府連合会は「非

グーグルマップを巡ってはグーグル日本法人（東別解消推進法が成立。大阪グーグル社に正しい駅名ム」が、広報の表示にするよう要請し、管理会社が「対応しい。ネット上の差別も野大阪府連合会事務局長はイアン」（教育委員会）など

法の下の平等（14条）
実際には差別が存在
　→アイヌ民族、黒人、女性
　　障がい者、ハンセン病　など
　　　　↓
　　　　部落差別
被差別部落の人々への差別
　→明治政府による解放令
※対策は不十分
　　　　↓
同和対策審議会の答申（1965）
　→差別の解消は国の責務で
　　国民の課題

11 ヘイトスピーチ

1. 在日コリアン

⊙平等権の2時間目は、まずこの写真を見てもらおうかな。1981年、夏の全国高校野球大会の決勝、甲子園球場のスコアボードだよ。これを見て興奮した人たちが多かったみたい。このスコアボードの何に興奮したのかな？ ⇒鄭さん、韓さん

⊙まだ出自をオープンにしづらかったこの頃、京都商の1番の鄭さん、5番の韓さんが本名で出場したことに、多くの在日コリアンたちは衝撃を受けたようだ。両チームには、この2人のほか、後に近鉄バッファローズで活躍する金村さんに加えて、合計7人の在日コリアンがいたんだ。

⊙2011年のサッカーのアジアカップ、日本はオーストラリアとの決勝を戦った。この試合は延長戦にもつれたんだけど、その延長後半4分、強烈なダイレクトボレーシュートが、オーストラリアゴールに突き刺さる。左足を振りぬいたのは、李忠成さんだった。優勝に導いた鮮やかなシュートとともに、日本の李という名前が印象に強く残った。李さんをはじめ、多くの在日コリアンが、日本社会の中で活躍している。だけど、なぜ朝鮮半島ルーツの人たちが、日本に多くいるの？ ⇒多くが植民地支配の中で来日

⊙アジア・太平洋戦争後、朝鮮半島に帰還した人たちもいたけど、財産の持ち出し制限などもあったので、多くの在日コリアンが生活基盤のある日本に定住したんだよ。2016年現在、約49万人の在日コリアンがいます。在日コリアンには納税の義務はあるけど、納めた税金がどのように使われるのかを決める人たちを選べないんだ。税金の使い道を決める人って誰？ ⇒国会議員、地方議会議員

⊙つまり選挙権がないんだよね。

2. ヘイトスピーチ

⊙近年、そうした在日コリアンへの憎悪をむき出しにした過激なデモが相次いでいるんだよ。こうしたデモのことを何というの？ ⇒ヘイトスピーチ

⊙ヘイトスピーチは、在日コリアンが多く住む、新大久保や鶴橋などのコリアンタウンで繰り返されてきた。これに対し、2016年1月、大阪市は全国で初めてとなるヘイトスピーチ抑止条例を成立させ、ヘイトスピーチを実施した団体名を公表することにしたんだ。5月には罰則のない理念法ではあるけど、ヘイトスピーチ対策法も成立した。しかし、その後もこうした憎悪表現はなくならないんだよ。川崎市ではヘイトスピーチ対策法が施行された2016年6月3日、神奈川県警がヘイトスピーチを繰り返す団体に、「要件を満たして

いる」として道路の使用を許可した。2日後の5日、この団体はデモを予定していたが、これに反対する人たちに取り囲まれ、中止に追い込まれたんだ。川崎市桜本は、在日コリアンをはじめ、外国ルーツの人たちが多く住む町です。この町をターゲットにデモが計画されていることを知った崔江以子さんは、顔と実名を公表して反対運動を実施したんだよ。どうなったと思う？
⇒嫌がらせや脅迫などの攻撃がはじまった

⊙最初はTwitterに「反日朝鮮人は死ね」や「桜本を焦土にする」などの書き込みがはじまった。職場にはゴキブリなどの死骸が届いたこともあるんだって。デモに抗議に行くと、参加者が崔さんの写真や動画を撮影し、それをネット上に公開するんだ。「朝鮮人の女のくせに生意気だ」などという言葉とともにね。それでも崔さんは「共に生きよう共に幸せに」というプラカードを掲げてデモを繰り返す団体に訴え続けているんだ。以前、崔さんの講演を聞いたことがあるんだけど、「一緒に『差別』を批判してください」と聴衆に投げかける姿が印象に残ってる。私たち一人ひとりの姿勢が問われているんだね。

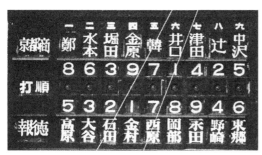

（『朝日新聞』2017年2月21日）

（『朝日新聞』2017年8月17日）

12 女性と労働環境

1. 労働環境

⊙平等権の３時間目、この時間は女性に視点をあてて考えていくことにしよう。女子生徒に聞きたいんだけど、「女子だから」ということで何か不公平を感じたことってある？ ⇒家事の手伝いなど

⊙そういうことってあるかもしれないね。この時間は、学校教育を修了して社会の中に出てからの労働環境を中心に考えてみようと思います。その前に、憲法の規定について確認しておこう。第14条の「法の下の平等」っていうのがあって、性別によって差別されないんだったよね。この他にも家族に関わる内容ではあるけど、男女平等について、憲法では第何条に規定されているの？ ⇒24条２項

⊙条文の中で「個人の尊厳と両性の本質的平等」を謳（うた）っているね。

⊙労働環境の中で、女性差別ってあるのかな。まず女性の年齢階層別労働力率を確認しよう。労働力率っていうのは、働いている人と失業中だけど仕事を探している人の割合なんだけど、日本と他の国を比べると、どんなことがわかるの？ ⇒30代の女性の労働力率が低くなっている

⊙30代のあたりがくぼんでいることから「M字カーブ」っていうんだけど、なんで30代がくぼむの？ ⇒結婚や出産で仕事をやめる女性が多いから

⊙本来なら働き続けられる労働環境でなくてはならないのに、現実はそうなっていないんだよね。仮に産前産後休暇や育児休暇を終えて働こうと思っても、都市部を中心になかなか簡単にはいかないことがあるよね。どんなこと？ ⇒待機児童問題

⊙給与はどうかな。女性の給与水準は男性に対して何％くらいだと思う？ ⇒75.7％（2017年）

⊙なぜ給与に格差があるの？ ⇒女性の管理職が少ないなど

⊙このデータ、パートなどを除いたものだけど、結婚や出産でいったん仕事を辞めると、正社員に戻るのは難しいんだよね。パートなどを含めるともっと格差が広がるはずだよ。この他にもセクハラなどの問題もあるよね。2014年６月、東京都議会の一般質問で、妊娠や出産についての都の支援について質問していた女性都議に「はやく結婚しろ」とか、「産めないのか」といったセクハラヤジが飛んだことがあったんだ。働きやすい、あるいは子育てしやすい環境をつくっていくことは、都議会も含めた社会全体の仕事だと思うんだけど、女性にだけさまざまな問題を押しつけている象徴的なできごとのよ

うだったよ。こうした空気を変えていかなければならないよね。

⊙ こんな状況だから、世界経済フォーラムが公表した2018年のジェンダーギャップ（男女格差）の大きさって、世界149か国中、第何位だった？ ⇒110位

2. 法整備

⊙ 法についても少しずつ整備されてきつつあるんだけどね。国連で1979年に採択された条約は？ 日本で1985年に労働上の男女平等を定めた法律は？ 1999年に社会の中で男女がともに責任をもって役割を担っていくことを定めた法律は？ ⇒女子差別撤廃条約、男女雇用機会均等法、男女共同参画社会基本法

3. 入試不正

⊙ しかし、法の整備だけでは解決しないと思うんだよね。以前、東京医科大学の入試不正について紹介したけど、大学進学というスタートラインの時点ですでに差別されていることに衝撃を受けたよ。こういう不正について、やはり社会全体で声を上げていかなければならないんじゃないかな。

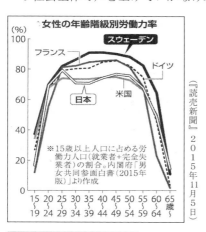

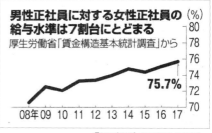

『朝日新聞』2018年10月20日

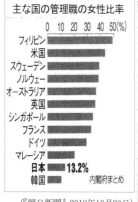

『朝日新聞』2018年10月20日

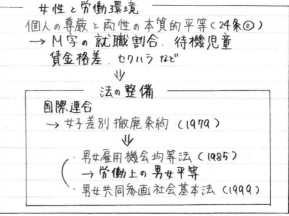

13 大相撲の女人禁制

1. 大相撲舞鶴場所 (2018年)

◎平等権の学習は4時間目だね。前の時間に続いて、女性に視点をあてて考えることにしよう。2018年4月、京都府舞鶴市で開催されていた大相撲の春巡業、土俵上であいさつしていた市長が突然倒れたことがあった。その後、複数の女性看護師が救命処置をしていたところ、「女性の方は土俵から降りてください」、「男性がお上がりください」との場内アナウンスがあったんだ。なぜ女性が土俵に上がってはいけないの？ ⇒女人禁制

◎この市長、くも膜下出血という診断は受けたものの、適切な処置もあって、その後回復した。女性の立ち入りを禁止する慣習って、結構日本社会の中に残っているよ。他にどんなところで女人禁制が残っていると思う？ ⇒祇園祭、大峰山、沖ノ島など

2. 大相撲大阪場所 (2000年)

◎大相撲の女人禁制については、2000年3月に開催された大阪場所で大きな動きがあったよ。大阪場所は、大阪府立体育会館で開催され、優勝した力士には大阪府知事賞が手渡されるんだ。この年の2月、太田房江さんという女性が、新たに大阪府知事に就任すると、翌月に開催される大阪場所に注目が集まった。なぜかわかるよね？ ⇒女性が土俵に上がるかもしれないから

◎太田知事は「優勝力士に直接府知事賞を手渡したい」と意思を表明したことから、国会を巻き込んでの議論になったんだ。かつて内閣官房長官だった森山真弓さんは「内閣総理大臣杯を手渡したい」と公言したけど、日本相撲協会に断られた経験がある。今回のケースは、府立体育会館を使用し、府知事本人が府知事賞を手渡すのだから、知事に敬意を表すべきだと森山さんは主張している。一方、作家の玉木正之さんは、文化を守るという観点から、女人禁制は制度上の女性差別とは関係ないと主張している。女性が土俵に上がること、どう思う？ ⇒賛成 or 反対

＊こうした対立する価値について、グループで話し合わせてもよい。展開次第によっては、アウトプット型の授業にできる。

◎結局、太田知事は土俵に上がれたかな？ ⇒上がれなかった

◎大相撲を主催する日本相撲協会は、太田知事の意思を認めなかったんだけど、理由は何だと思う？ ⇒伝統を守る

◎日本相撲協会による伝統を守るっていう理由、あなたたちは支持できるかな。ちなみに、当時の朝日新聞の世論調査では、「日本相撲協会と太田知事のど

ちらを支持しますか」という質問に、日本相撲協会37％、太田知事47％がそれぞれ支持している。

3. 大相撲宝塚場所 （2018年）

◎話を春巡業に戻します。舞鶴場所の２日後、兵庫県宝塚市で宝塚場所が開催されました。舞鶴市同様、市長があいさつしたんだけど、市長は女性の中川智子さんだ。中川市長は、土俵の上であいさつできたと思う？ ⇒土俵の下であいさつした

◎中川市長は、あいさつ後の記者会見で「もし女性が総理大臣になっても土俵にのせないのでしょうか。」と疑問を投げかけた上で、「女性だから上がれないというのは差別だと思う。市長への対応を平等にしてほしい。」と訴えたんだ。大相撲の女人禁制、あなたはどう思いますか。

《朝日新聞》2018年4月6日

《朝日新聞》2018年4月7日

女人禁制
　女性の立ち入りを禁止する慣習
　→祇園祭、大峰山、沖ノ島 など
　　　　　↓
　─── 大相撲大阪場所 ───
　3月、府立体育会館で開催
　→優勝力士に府知事賞
　　　　　↓
　太田房江府知事（2000）
　→直接、手渡したい
　※協会は「伝統」を理由
　　　に拒否

14 選択的夫婦別姓

1. 夫婦の姓

⊙平等権の学習は５時間目だったね。この時間は夫婦の苗字について考えてみ
　ることにしよう。将来、仮に結婚するとなった時、あなたは自分の苗字を選
　びますか？ 相手の苗字を選びますか？ あるいは新しい苗字をつくります
　か？ ⇒自分の苗字 or 相手の苗字

⊙苗字についても、きちんと法律で規定されているんだよ。何という法律で規
　定されているの？ ⇒民法

⊙民法の第750条で、夫婦の氏について「夫又は妻の氏を称する」ってある。
　夫か妻かのどちらかに統一しないといけないんだね。これを夫婦同姓ってい
　うよ。ということは新しい苗字はつくれないんだね。みんなの苗字は、お父
　さんの方の苗字かな？ お母さんの方の苗字かな？ ⇒お父さん、お母さん

＊家庭環境も多様であるため、それに配慮した上で発問する。

⊙圧倒的にお父さんの苗字の方が多いね。何％くらいがお父さんの苗字だと思
　う？ ⇒96％

2. 各国の制度と夫婦同姓

⊙世界各国の制度はどうなっているのかな。韓国や中国は夫と妻が別の姓、夫
　婦別姓だ。ドイツやオーストリア、フランスなどは、別姓、同姓、結合姓か
　ら選択できる。結合姓というのは、夫と妻の姓を結合したものだよ。例えば、
　オレリアン・ポリエさんとロランス・アバディさんの子どもは、ティメオ・
　ポリエ・アバディくんだよ。世界中で夫婦同姓って日本くらいなんだね。日
　本ではじめて夫婦同姓を義務づけた法律は、1898年の旧民法です。「妻は婚
　姻により夫の家に入る」と規定され、姓は「家」を表すことになったんだね。

3. 選択的夫婦別姓

⊙「夫は外で働き、妻は家庭を守るべきだ」という家族観が長く定着していた
　んだけど、近年女性の社会進出などに伴ってこうした考え方は減少し、「子
　どもができても、女性は仕事を続ける方がよい」と考える人たちが増加する
　ようになった。同時に、夫婦同姓への不都合も生じるようになってきたけど、
　どんな不都合があると思う？ ⇒戸籍名でしか医師や看護師などの国家資格
　に登録できないなど

⊙ＩＴ企業サイボウズ社長の青野慶久さんは、妻の姓に改姓したところ、銀行
　口座や運転免許など、さまざまな手続きが必要になったそうだよ。そして、
　所有していた株式の名義書き換えにもお金がかかったんだって。いくらかか

ったと思う？　⇒約81万円

⊙そこで検討されているのが、選択的夫婦別姓です。同姓か別姓かをそれぞれの夫婦が選べる制度だよ。2015年12月、同姓を規定する民法が憲法に違反するかどうかを最高裁がはじめて判断したんだけど、どういう判決が出たと思う？　⇒合憲

⊙判決が出されるのに合わせて、東京都港区の小路雅代さんは、仲間たち４人と選択的夫婦別姓制度の実現を求めるインターネット署名を集めた。この署名の賛同者はどのくらいいたと思う？　⇒約２万人

⊙それだけ切実な思いをしている人たちが多いってことだよね。先ほどのサイボウズの青野さんたち、その後民法ではなく、戸籍法に着目して国に提訴したよ。日本人同士の婚姻、戸籍法上もちろん別姓は認められていないけど、日本人と外国人の場合、実は別姓が選択できるんだ。別姓についての規定を欠く戸籍法が憲法違反だと提訴したんだよ。別姓については、家族の一体感が損なわれるとか、通称使用が認められるようになってきたから必要ないとの批判もあるけど、みんなはどう思うかな。

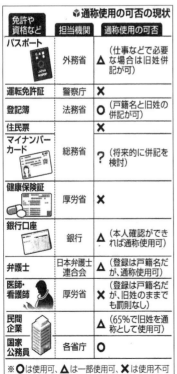

（『読売新聞』2015年12月71日）

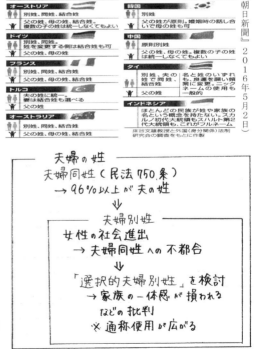

15 LGBT

1. LGBT

⊙平等権の学習の最後にLGBTについて考えてみたいんだけど、LGBTって何？
　Lは？　Gは？　Bは？　Tは？　⇒レズビアン、ゲイ、バイセクシャル、トランスジェンダー

⊙性的少数者のことだけど、そういえば2018年7月、杉田水脈衆議院議員が同性カップルを念頭に「生産性がない」などと月刊誌に寄稿した。その後、この論稿への非難に反発する特集を掲載したことから、この月刊誌は休刊することになってしまったよ。

⊙日本にはLGBTの人たちが何％くらいいると思う？　⇒8.9％（2018年）

⊙広告代理店の電通の調査によると、2015年は7.6％で13人に1人、2018年は8.9％で11人に1人がLGBTにあてはまるんだって。心と体の性が一致しない福岡県の18歳は、「男子の制服を着たい」と訴えたけど、「お前のわがままで学校の風紀を乱すな」って高校の校長先生から拒否されたんだね。LGBTの人たちは、学校や社会での無理解に生きづらさを抱えているんだ。ジェイミー・ロドマイヤーという14歳の少年は、同性愛を理由に学校でいじめられた。YouTubeに「it gets better（きっと良くなる）」というテーマで動画を投稿し続け、その辛い胸の内を動画の中で語ったが、その後自殺した。ただ、彼の死を悼んだのは、身近な人たちばかりではなかった。ネット上に寄せられた映像やメッセージは1万件を超え、レディー・ガガもコンサートの中で「ジェイミー　あなたは変人ではない」と歌っているよ。

2. 同性婚

⊙同性の婚姻について、日本や世界の状況はどうなっているのだろうか。まず憲法において、婚姻はどのように規定されているのか確認しよう。婚姻について、第何条に規定されているの？　⇒第24条1項

⊙婚姻は「両性の合意のみに基づいて成立」すると規定され、日本では同性婚は認められていないよ。世界はどうかな。オランダやベルギーなど、多くの国々で同性婚は認められているし、ドイツやスイスなどではパートナーシップ制度が導入されている。パートナーシップ制度というのは、遺産相続や税制優遇などで婚姻とほぼ同等の権利が認められる制度のことだよ。2015年6月26日、アメリカ連邦最高裁判所は同性婚禁止の法律を違憲とする画期的な判決を下した。LGBTの人たちが「it gets better」というテーマで動画を投稿しはじめた2010年には、5つの州とワシントンD.C.でしか認められていな

かった同性婚、今は全米で認められているんだよ。日本ではパートナーシップ制度はどうかな。国としては導入されていないけど、2015年3月31日、東京都渋谷区は全国初となるパートナーシップ条例を成立させ、同年11月5日に同性カップルに証明書が公布されたんだ。2019年7月現在、茨城県をはじめ、全国24の地方自治体がこうした制度を導入している。ただパートナーシップ制度では、不十分なところもあるため、2019年2月には婚姻の自由などを求めて13組のパートナーが一斉提訴したんだ。

3. Xジェンダーなど

◉LGBTについて学んできたけど、実は性はもっと多様で、Xジェンダー（男女どちらの性別でもない性別の立場をとる人）やクエスチョニング（心の性や好きになる性が定まらない人）など、このLGBTという枠の中ではとらえきれない人たちもいるんだよ。また、LGBは性的指向、Tは性自認というまったく違う概念だ。このことに違和感を覚える人たちもいるよ。さて1時間ほど学んできて、杉田議員の「生産性がない」という言葉、あなたたちはどう受け止めるかな。

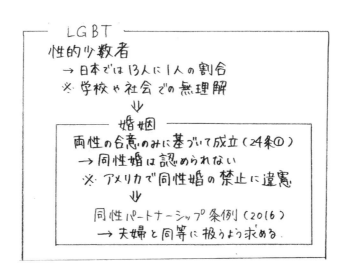

4. 生徒の感想 （2016年度）

◎なぜ多くの人がLGBTの人を否定するのだろうかと思います。なぜなら、誰か
を愛して「結婚したい」と思うかどうかは、その人の自由だと思うからです。
この社会はLGBTのことを、きちんと理解しているのでしょうか。僕はLGBTに
ついて、テレビのニュースやインターネットなど、うわべだけの情報を得て
いるだけで、そこまできちんと理解できていません。中途半端な理解で何か
を言えるわけではありませんが、LGBTの人が悲しまないような社会をつくっ
ていくことが、大人たちやこれから大人になっていく僕たちに求められてい
ると思います。そしてそういう社会をつくることは、これから生まれてくる
子どもたちに贈ることができる、大きな幸せだと僕は思いました。

◎性的少数者について考えた時、どこまでが差別なのかということに悩みまし
た。もし私の身近な人の中に性的少数者がいたら、私はきっと驚いてしまう
だろうと思います。もしかしたら、私が驚いたことで、その方が傷ついてし
まうことがあるかもしれません。また最近では、性的少数者がテレビなどに
出演し、活躍している姿も多くみられるようになりました。これは社会に認
められてきていると、とらえられるかもしれません。しかし私は、その芸能
人が性的少数者であるから人気が出ているということであれば、それはその
性に対する差別にあたるような気がして、なんだか納得がいきません。アメ
リカのドラマなどを見ていると、同性愛を扱ったような内容もよくあるし、
同性愛者同士のキスシーンを見たこともあります。一方、日本でこのような
内容のドラマを見ることは、ほとんどありません。これが日本と海外との認
識の違いなのかと思いました。

◎身近な人がゲイやレズビアンだと知った時は、少し動きが止まってしまうか
もしれません。しかし、LGBTの人をきちんと理解し、受け入れなければなり
ません。LGBTであることで、周囲からいじめを受けたり、時には暴力を受け
たりしてしまうケースもあるようです。LGBTの人が周囲を気にしながら人生
を送っているとなると、それはとても悲しいことだと思います。授業の中で
は、LGBTである少年の動画を視聴しましたが、この少年は動画を投稿した後、
自ら命を絶ちました。この少年と同じように、今後命を絶つような人が出て
くるのはもう嫌です。同じ時代に生きる人、同じ社会に生きる人として、普
通に接することができるようでありたいと思います。これから大人になって
いく時、LGBTの人をきちんと理解し、受け入れることができるようになりた
いです。

◎ジェイミーくんの動画を見て、同性愛者に対する差別はいけないことだと思

いました。僕は先生から「同性愛者に対する差別的な発言が多い」と注意された。ことがありました。その時「そんなに差別的な発言をしているのかなあ」と思いましたが、よく考えてみると普段友だちや先生と話す時、確かに差別的な発言をしていた自分がいることに気づきました。LGBTの人が、なぜこんなに差別されているのか考えてみると、やはり理解されていないことがいちばんの原因なのではないかと思います。授業の中で配られた新聞記事の中に、性同一性障がいの生徒の話がありました。「心の性である男子の制服を着たい」という申し出に、校長先生から「お前のわがままで学校の風紀を乱すな」と言われたという話がありましたが、本当にびっくりしました。学校の先生なら、LGBTがわがままでないことを理解し、もう少し生徒の思いを汲み取るべきではないかと思います。LGBTについて理解し、はやく差別がなくなることを願います。

◎同性愛者が息苦しくなるような社会は変だと思います。恋愛対象が異性から同性になっただけにすぎません。アメリカで、多くの同性愛者たちが動画投稿サイトに「it gets better」の動画を投稿している様子を視聴しましたが、僕にとっては大きな衝撃でした。世の中の冷たさを改めて感じましたし、何よりも動画を投稿した直後に同性愛者の少年が自殺したことを知って悲しかったです。そうした経験もあって、アメリカでは同性婚の禁止に違憲判決が出されました。日本では同性婚が認められていませんが、渋谷区などでは「同性パートナーシップ条例」を定めるなど、少しずつ社会に変化もみられるようになってきました。ただ、自分はとても無力です。自分には祈ることくらいしかできそうもありませんが、祈ることはとても大事なことだと思います。世の中のたくさんの人が祈れば、世界は変わるかもしれません。

◎はじめてLGBTについて学びました。LGBTの方たちに対する見方は人それぞれで、差別的な発言をする人もいますし、中には身体的な暴力にいたるケースもあるそうです。こういった周囲からの扱いで苦しむ方たちがたくさんいることを知りました。LGBTというだけで学校でいじめられ、登校することもできなくなってしまう子どもたちがいることに驚きました。しかしアメリカでは、LGBTの方たちが勇気を出して立ち上がったことで、同性婚が認められるようになりました。日本ではまだまだ同性婚が認められていませんが、渋谷区などでは「同性パートナーシップ条例」が認められるなど、少しずつLGBTの方たちを受け入れる動きが高まっていることがわかりました。しかし、いくら法律や条例などが制定されても、周りからの見方が変わったとは言い切れません。大切なのは、私たちがLGBTについての理解を深め、LGBTの方たち

が安心して生活できる環境をつくっていくことだと思います。私ももっとLG
BTについて学んでいきたいです。

5. 増原裕子さんからの返信

＊増原さんは渋谷区で初となるパートナーシップ証明書を取得。

◎中学校の授業で、このように社会の動きとして扱っていただくことは、本当
に大きな意味を持つことだと考えており、当事者としてとても嬉しく、そし
て勇気付けられる思いがします。生徒さんの感想もとても正直で、驚きや戸
惑いとともに、「なぜ差別されてしまうのだろう」という現状への素朴な疑問
が生じているなど、柔軟な心で受けとめてくださっている様子が伝わってき
ました。まだ、なかなか身近な存在として感じにくいこともあり、人々がLG
BTの存在に「慣れる」には、もう少し時間がかかるかもしれませんが、社会
は確実に良い方向に変化していると感じています。「いない」のではなく、
「言えない」。これが日本のLGBTを取り巻く大きな課題です。なぜ自分の大事
なアイデンティティの一部を隠さざるを得ないのか、そこに思いを馳せてい
ただけると、今後の社会の見方にも変化が出てくるのではないかと期待して
います。一度きりの授業ではなく、色々な教科や話題の中で、折に触れてLG
BTのことについて話してくださる機会を設けてくださると、リマインド効果
もあり、生徒さんたちの頭の中にも課題として残りやすいのではないかと思
います。このような一つ一つの実践が、少しずつ社会を動かしていく力にな
ると信じています。これからもどうぞよろしくお願いいたします。

6. 久保勝さんからの返信

＊久保さんは愛知教育大学で支援者団体を創設、現在特定非営利法人ASTA共
同代表理事。

◎生徒さんたちには、自分の当たり前がすべてではない、ということを理解し
てもらえたらと思います。LGBTの話を、LGBTのことだけで終わらせないでく
ださい。他人事ではなく自分事として、他のあらゆる「違い」を考えてみて
ください。それが、多様性を考えることだと思います。自分が「知らない」
ことにこそ、自分をワクワクさせてくれる何かが隠れているのです。「知らな
い」に差別や偏見で立ち向かうのではなく、「違いを楽しむ」を大切にしてほ
しいな、と願います。(一部抜粋)

＊授業とは別に、制服やトイレ、更衣など、日々の教育活動全体の中で、当事
者に配慮した取り組みを、充実させていくことも考えなくてはならない。

16 映画『靖国』

1. 映画『靖国』

⊙この時間は自由権について学習するよ。その前に歴史の復習です。幕末の志士や軍人などの戦没者が「英霊」として祀られた、東京にある神社を何というの？ ⇒靖国神社

⊙「戦没者の御霊を慰める場所は靖国神社しかない」と考える戦争体験者の方もいたし、戦争の被害や加害を語り継ぐ近藤一さんは「靖国神社の存在が若者を戦争へと駆り立てた」と言っていたよね。2007年、この靖国神社について、日本在住の中国人映画監督が10年間かけて取材した内容を映画に残した。主に終戦の日の靖国神社の様子が、ナレーションなしで映し出されています。

2. 右翼による妨害活動

⊙しかしこの映画、その後問題視され、大きな話題となったんだ。きっかけは週刊誌の報道です。「中国人の映画監督が靖国神社を取り上げた『反日映画』だ」と報道した。しかも、文化庁が所管する独立行政法人から助成金を得て製作されたともあった。助成金っていくらだったと思う？ ⇒750万円

⊙ちなみに文化庁の上部組織って、何省かわかる？ ⇒文部科学省

⊙この報道が正しければ、日本政府が反日映画のために助成金を出したっていう構図になるよね。このことに抗議の声が相次いだ。2008年3月20日、『靖国』を上映予定だった銀座の映画館に右翼団体の街宣車が乗り付け、「反日プロパガンダ映画を中止せよ」、「関係者出てこーい」などと拡声器でがなり立てた。街宣車が映画館に来たのは合計3回、抗議電話も複数あったことから、この映画館は『靖国』の上映を中止することになったんだ。この映画館も含め、東京と大阪の5つの映画館が「周囲に迷惑をかける」として上映中止、名古屋でもその後上映を延期した。香港国際映画祭で最優秀ドキュメンタリー賞を受賞したこの映画って、上映したらいけないの？ ⇒上映していい or いけない

＊こうした対立する価値について、グループで話し合わせてもよい。展開次第によっては、アウトプット型の授業にできる。

3. 『靖国』上映会

⊙映画館の上映中止や延期が相次ぐ中、首都圏の右翼団体幹部約150人が集まって『靖国』の上映会と討論会が開催された。討論会の中でどんな意見が出たと思う？ ⇒反日的な映画に助成金を出すなど

⊙映画内容や製作手法などについての批判は相次いだものの、上映中止を強く
求める意見はあまりなかったんだって。銀座の映画館に街宣車で乗り付けた
右翼団体の責任者も「靖国神社の施設内を隠し撮りするなどの問題はあるが、
上映中止のために大騒ぎする内容ではなかった。」と感想を述べたそうだよ。
その後、渋谷の映画館ではじめて上映されたけど、混乱はなかったんだって。

4. 自由権

⊙映画を撮影して上映する、自分の意見を発表するなど、こうした自由のこと
を表現の自由っていうんだよ。今回のケース、この表現の自由が奪われたん
だね。自由権って3つに分類されるんだけど、最後にその3つをまとめてお
くよ。表現の自由や信教の自由などを何の自由っていうの？ ⇒精神活動の
自由

⊙奴隷的拘束及び苦役からの自由などは？ 居住・移転・職業選択の自由など
は？ ⇒生命・身体の自由、経済活動の自由

「靖国」東京で初公開
混乱なし 順次全国上映へ

　右翼団体の抗議活動などで上映を中止する映画館が相次ぎ、一時は公開が危ぶまれた日中合作のドキュメンタリー映画「靖国 YASUKUNI」（李纓（リイン）監督）の初の「一般公開」が三日、東京の映画館「渋谷シネ・アミューズ」で始まった。

　映画館が入る建物の入り口には制服姿の警官が立ち、館内に私服警官の姿も見られた。スクリーンの横には上映中断だった同館の歴史をあぶり出すかのように「日本に残る軍国主義の問題をあぶり出していた」と評価した。

　映画を見終わった東都の団体職員河井睦朗さん（43）は「特に心無職男性（71）は「特に注意を動かされる場面もなくしていたが、なぜこれほど注目されたのか理解できない」。

　客足は好調で、午前十時半から始まった初回上映の整理券は、時間前になくなり、午後二時ごろには「本日売り切れ」の案内も。

　大阪、広島、京都などと十日間で東京、十五日から順次公開されることが決まっている。

（『山陰中央新報』2008年5月4日）

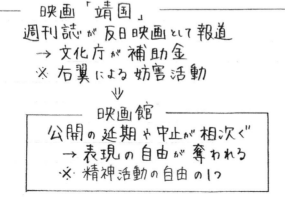

映画「靖国」
週刊誌が反日映画として報道
　→ 文化庁が補助金
　※ 右翼による妨害活動
　　　⇓
　　　映画館
公開の延期や中止が相次ぐ
　→ 表現の自由が奪われる
　※ 精神活動の1つ

表現の自由

17 生存権と自立支援

1. 社会権

◉平等権や自由権について学習してきたので、この時間は社会権について学習するよ。詳しく学習する前に、また歴史の復習を少しだけするよ。18世紀後半、ヨーロッパでは大きな変化が２つあったけど、何だった？ ⇒市民革命、産業革命

◉産業革命に伴って、工場などを経営できた人たちを何というの？ ⇒資本家

◉その資本家のもとで働いた人たちのことは？ ⇒労働者

◉資本家が労働者を雇って、利益を目的に生産活動する経済システムを何というの？ ⇒資本主義

◉前回自由権について学んだけど、ゆとりのある資本家が資本を使って生産活動をするんだよね。これ何の自由なの？ ⇒経済活動の自由

◉ただ資本主義の進展に伴って、長時間労働や低賃金など、さまざまな問題も現れるようになったよね。経済活動の自由の一方で、経済上の不平等が生じてきたわけだ。だから人間らしく生きる権利が求められていくことになったんだけど、この権利が社会権だったね。世界ではじめて社会権を規定した憲法って何？ どこの国？ ⇒ワイマール憲法、ドイツ

2. 生存権

◉人間らしく生きることが難しかったのは、別に産業革命の頃だけではないよ。これは41歳の寝たきりの息子と２人ぐらしの母親が残した日記です。ちょっと読んでみて。この母親と息子、その後どうなったと思う？ ⇒餓死した

◉1996年４月、東京都豊島区のアパートで、栄養失調のため、半ばミイラ化した状態の２人の遺体が見つかった。経済大国の日本で餓死なんて信じられないよね。この親子を救うことってできなかったのかな。憲法には生存権というのが規定されているんだよ。第何条？ ⇒25条

◉第25条１項を読んでみよう。「健康で文化的な最低限度の生活」ってあるね。では、そういう生活を営むことができなかったら、どうすればいいかな。実は25条には続きがあって、２項にそのあたりのことが規定されているので読んでみよう。「社会福祉、社会保障及び公衆衛生の向上及び増進」ってあるね。つまり「健康で文化的な最低限度の生活」を営むことができない人たちがいたら社会全体で支えますってことなんだよね。このシステムが社会保障制度っていうものだよ。要するにセーフティーネットだ。経済の学習でまた詳しく学ぶけど、いくつか紹介しておくね。収入が少ない人に生活費などを

給付するのを生活保護っていうよ。家族だけで高齢者の世話をするって困難
な場合もあるよね。こうした場合に介護を社会全体で支える制度が2000年に
スタートしたよ。何という保険なの？ ⇒介護保険

◉高齢になると、なかなか働けなくなるよね。でも、生活していくにはお金がい
るので、現役世代の頃に保険料を支払い、高齢になった時にお金が給付される
システムになっているんだ。こういう保険のことを何というの？ ⇒年金保険

◉ただね、近年景気の悪化や高齢化が進展していることなどもあって、生活保
護受給世帯や保護費が増加している。増加していると言っても保護費は限ら
れているので、2018年度から全体の3分の2の世帯で支給額が引き下げられ
ることになったんだ。また、体調不良などでなかなか働くことが困難な人に
対しても、就労によって経済的に自立するように「自立支援」を促し、生活
保護を辞退をさせているケースもあるみたいだよ。

豊島区が公開した日記から

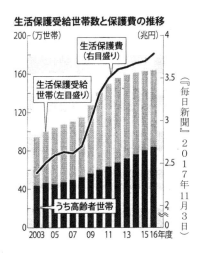

生活保護受給世帯数と保護費の推移

（『毎日新聞』2017年11月3日）

18 プロ野球スト決行

1. プロ野球再編問題

◉社会権についての2時間目なんだけど、この時間はプロ野球を通して働く人たちの権利について学んでいきたい。ところで、プロ野球チームって、どんなチームを知ってるの？ ⇒広島、ヤクルト、巨人、DeNA、中日、阪神、西武、ソフトバンク、日本ハム、オリックス、ロッテ、楽天

＊チームのロゴマークなどを黒板に貼りつけながら、セ・パ両リーグを分類して提示するとわかりやすい。

◉話を2004年に戻します。この12球団のうち、2004年当時になかった球団があるんだけど、どのチームかわかる？ ⇒DeNA、ソフトバンク、楽天

＊DeNA、ソフトバンク、楽天のロゴマークを黒板から外し、2004年当時の横浜、ダイエー、近鉄のロゴマークに張り替える。

◉チームの経営者をオーナー、経済用語では使用者っていうんだけど、2004年6月、オリックスと近鉄のオーナーが突然合併を発表したんだ。6月って、シーズンの真っただ中だよ。合併ってことは、パ・リーグは5チームになるよね。チームあたりの登録選手数は限られているので、1チーム減れば多くの選手が仕事を失うことになる。日本一を決める日本シリーズだって、セ・リーグ6チーム、パ・リーグ5チームの代表では公平性だって保たれない。

2. 労使交渉

◉この問題に立ち上がったのが選手たち自身だ。選手たちは自身の地位向上を目的に、日本プロ野球選手会を組織している。かつて球場のフェンスはコンクリートがむき出しだった。プレー中にフェンスに激突し、選手生命を絶たれた選手もいる。選手会はこうした不幸を2度と起こさないため、オーナーに要望し、現在ではフェンスにラバーが巻かれているのは当たり前になった。選手たち、つまり労働者が団結してつくるこうした組織を何というの？ 労働組合を組織する権利は？ ⇒労働組合、団結権

◉労働者と使用者は対等な立場で賃金などについて交渉するよ。この権利を何というの？ ⇒団体交渉権

◉選手会は交渉の中で、当然12球団維持を要求する。オーナーは、翌シーズンから11チームによる2リーグ制を決めていた。さて、この交渉どうなったと思う？ ⇒決裂

◉交渉が決裂すると、労働者側には労働をおこなわずに抗議できることが認められている。これを何というの？ ストライキする権利のことは？ 団結権、

団体交渉権、団体行動権をまとめて何というの？ ⇒ストライキ、団体行動権、労働基本権（労働三権）

⊙シーズン最終盤となった9月18日と19日の2日間、史上初のストライキが決行された。各チーム2試合ずつ合計12試合がなくなった。ペナントレースの行方にとどまらず、例えばホームラン王や最多勝など、個人タイトルにも影響しかねないストライキだったけど、選手会は一致団結して決行した。この土日の2日間、選手たちはファンサービスに徹し、多くのファンも選手会を支持したんだ。1週間後、再びストライキが計画されていたんだけど、どうなったと思う？ ⇒回避

⊙9月23日、12球団維持と新規参入で合意に達したため、交渉が妥結した。翌シーズン、経営難だった近鉄が姿を消し、50年ぶりの新規参入となる東北楽天ゴールデンイーグルスが誕生したんだ。2005年からのセ・パ交流戦のほか、2007年からはセ・パ両リーグによるクライマックスシリーズをはじめるなど、プロ野球も改革を進めている。

『山陰中央新報』2004年9月18日

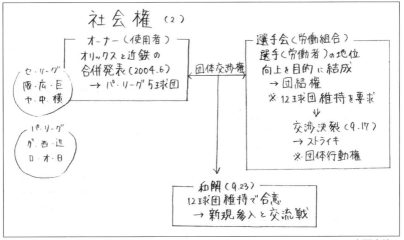

19 人権を守る方法

1. 公共の福祉

⊙基本的人権について学んでいますが、この時間はそうした人権を守る方法について考えてみます。九州地方の東部に東九州自動車道があります。北九州市を起点に、大分市や宮崎市を経由して鹿児島市に至る高速道路です。しかしこの高速道路、福岡県内の椎田南ICと豊前ICの間、約7.2kmはなかなか開通せず、一般道へ迂回しなければなりませんでした。なぜだかわかる？ ⇒ミカン農家が土地の明け渡しを拒んでいたから

⊙岡本栄一さんは、父親とともに農地を開墾し、約50年にわたってミカンを栽培してきた。このミカン園を守るため、土地の明け渡しを拒み、建設費用が抑えられるとする代替ルート案を提案したんだ。そして2013年4月、この区間の事業認定取り消しを求める行政裁判に訴えたんだよ。道路をつくりたい福岡県と自分の土地を守りたい岡本さん、その後どうなったと思う？ ⇒行政代執行による強制収用

＊生徒たちに予想させ、その理由についても述べさせたい。グループで話し合わせてもよい。

⊙岡本さんの訴えは退けられ、2015年1月、福岡県収用委員会は土地の明け渡しを命じる裁決を下したんだよ。そして7月、ミカン園の道具小屋に立てこもる岡本さんを強制的に退去させ、土地を収用し、翌2016年4月、北九州市から宮崎市までが全通したんだ。このケース、道路をつくりたい福岡県、その先には道路の利用者がいるんだけど、この利用者と岡本さんの人権が対立していると考えるんだ。誰かの人権と誰かの人権が対立する場合、簡単な言葉で示すと「みんなの幸せ」という視点で誰かの人権を制限することがあるんだ。この「みんなの幸せ」という考え方を何というの？ ⇒公共の福祉

⊙この公共の福祉という考え方が、人権を守る1つの方法だ。例えば新型インフルエンザにかかった人がいるとする。「私には移動の自由がある」と言って、自由に移動されても困るよね。だからこの人の移動の自由を制限して隔離するんだ。ただ強制的に土地を収用された岡本さんのことを思うと、モヤモヤして何だかスッキリしないよね。

2. 人権を守るための権利

⊙人権を守る方法の2つ目は、人権を守るための権利というのが規定されているんだ。どんな権利があるの？ ⇒参政権、請求権

⊙参政権にはどんな権利があるの？ ⇒選挙権、被選挙権など

◉請求権にはどんな権利があるの？ ⇒裁判を受ける権利など

◉この裁判を受ける権利に関わって、ある事件をもとに考えてみたいと思う。1961年、三重県名張市の公民館で、ぶどう酒を飲んだ女性5人が死亡、12人が中毒症状で入院する事件が起きた。名張毒ぶどう酒事件だ。逮捕されたのは奥西勝死刑囚だ。1964年、津地方裁判所は無罪判決を言い渡したが、その後の名古屋高等裁判所で逆転の死刑判決が出された。さらに1972年、最高裁判所が上告を棄却、つまり弁護側の不服によってはじまる裁判を最高裁が開かなかったことで、死刑が確定した。しかし、「自白はつくられた」として、1974年以来9度にわたる再審、裁判のやり直しが求め続けられている。この事件、奥西死刑囚が捜査段階で自供した毒物が事件直後の鑑定で検出されないなど、えん罪の可能性が高いとの指摘がある。奥西死刑囚どうなったと思う？ ⇒死亡

◉2015年10月4日、八王子医療刑務所で死亡した。裁判を受ける権利がありながら、再審は認められなかった。現在10度目の再審請求がおこなわれ、活動は奥西死刑囚の妹に引き継がれている。

20 臓器移植(1)

1.脳死

◎これまで憲法に規定された基本的人権について学んできたけど、これからの2時間は、憲法が公布された1946年当時には想定されていなかった、つまり憲法に明確に規定されていない新しい人権について学んでいきます。ここで取り上げるのは、自己決定権です。臓器移植を例に、自己決定権について考えていきます。これまで私たちは、人の死について何をもって判断してきたの？ ⇒呼吸停止、心臓停止、瞳孔の無反応

◎ところが1950年代以降、人工呼吸器が登場すると、新たに脳死という状態が生まれた。くも膜下出血などで血液や酸素が脳に流れなくなると、脳全体の機能が停止する。すると、呼吸や血液循環を制御する脳幹も機能しなくなり、呼吸ができなくなる。これが脳死だよ。でも、これまでの人の死と違い、人工呼吸器で一定期間は心臓や肺などの臓器が維持できる。脳死者の体は温かく、汗もかくんだって。だけど、人工呼吸器を使っても、やがて心臓も止まってしまうんだ。脳死と混同されやすいのが植物状態だよ。植物状態は脳幹が機能しているので、自分で呼吸できる場合も多く、回復する可能性もある。

2.臓器移植法 （1997年）

◎こうした脳死者から臓器を取り出し、必要な人に提供することが可能になったのが、1997年に制定された臓器移植法だ。このカード、何だかわかる？
⇒ドナーカード

◎臓器提供意思表示カード、通称ドナーカードだ。臓器を提供する人のことをドナーというんだ。ちなみに臓器の提供を受ける人のことはレシピエントっていうんだよ。臓器提供には条件があって、本人の意思表示、つまりこのドナーカードに意思を表示していることと、家族の同意が必要だった。臓器移植法が制定されてからの10年間で、移植数ってどのくらいだと思う？ ⇒81例

◎この81例って数字、各国と比較して多いかな、少ないかな？ ⇒少ない

＊臓器提供を受けたレシピエントが回復する様子などを提示できるとよい。

◎この臓器移植法、臓器提供の条件がもう1つあるんだけど、何だかわかる？
⇒15歳以上

◎ということは臓器移植が必要な子どものレシピエントはどうしたらいいの？
⇒海外での移植

◎海外での移植って、お金かかりそうだよね。いくらくらいかかると思う？
⇒1億円以上

⊙一般的には１億円以上かかると言われているんだ。１億円って、簡単には集められないよね。家族にとっては重い経済的負担だよね。支援者とともに、募金活動などで経費を集めているケースが多いみたい。子どもたちを救える方法ってないかな。

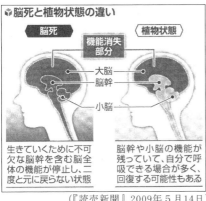

❤脳死と植物状態の違い

脳死　　　　植物状態

機能消失部分

大脳
脳幹
小脳

生きていくために不可欠な脳幹を含む脳全体の機能が停止し、二度と元に戻らない状態

脳幹や小脳の機能が残っていて、自分で呼吸できる場合が多く、回復する可能性もある

（『読売新聞』2009年5月14日）

臓器提供意思表示カード

あなたの意思表示ありがとうございます。

厚生省・（社）日本臓器移植ネットワーク
ドナー情報用全国共通連絡先：0120-22-0149

〈該当する１．２．３．の番号を○で囲んだ上で
提供したい臓器を○で囲んで下さい〉

1. 私は、脳死の判定に従い、脳死後、移植の為に○で囲んだ臓器を提供します。　（×をつけた臓器は提供しません。）
　　心臓・肺・肝臓・腎臓・膵臓・小腸・その他（　　　）

2. 私は、心臓が停止した死後、移植の為に○で囲んだ臓器を提供します。　（×をつけた臓器は提供しません。）
　　腎臓・眼球（角膜）・膵臓・その他（　　　）

3. 私は、臓器を提供しません。

署名年月日：　　　　　年　　　　月　　　　日

本人署名（自筆）：＿＿＿＿＿＿＿

家族署名（自筆）：＿＿＿＿＿＿＿
（可能であれば、この意思表示カードをもっていることを知っている家族が、そのことの確認の為に署名して下さい）

❤臓器移植法施行後の移植状況

年度	国内の脳死臓器提供数	海外で心臓移植を受けた日本人の数
1997	0	5
98	1	6
99	4	4
2000	8	9
01	5	8
02	5	7
03	5	7
04	8	9
05	8	15
06	9	7
07	13	7
08	15	(未集計)
合計	81	84

（日本小児循環器学会など調べ）

（『読売新聞』2009年2月27日）

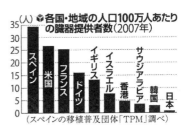

❤各国・地域の人口100万人あたりの臓器提供者数（2007年）

（人）

スペイン　米国　フランス　ドイツ　イギリス　イスラエル　香港　サウジアラビア　韓国　日本

（スペインの移植普及団体「TPM」調べ）

（『読売新聞』2009年2月27日）

自己決定権 (1)

科学技術の発達
脳死（脳幹が機能しなくなる）
→人工呼吸器で心臓などは機能
⇓
臓器移植法（1997）
脳死者からの臓器提供が可能
→本人の意思表示と家族の同意
※10年間で81例
⇓
子どもは海外での移植
→重い経済的負担

21 臓器移植(2)

3.「改正」臓器移植法 (2009年)

⊙臓器移植について学んでいるんだけど、移植
にはどんな課題があったの？ ⇒各国と比較
して移植数が少ない、子どもの移植ができな
いなど

⊙こうした課題をふまえた上で、臓器移植法が
「改正」された。改正という言葉、これから
何度か出てくるけど、見方によっては必ずし
も正しくないケースもあるので、あえて「 」
書きにしておくよ。この「改正」臓器移植法
が制定されたのは2009年のことです。これが
新しいドナーカードだよ。コンビニなんかに

も置いてあるよ。大きく変わったことが何点かあるんだけど、まず脳死の位
置づけです。脳死は一般的に人の死と定義されるようになりました。そして
提供の条件、家族の同意が必要なことは変わらないけど、本人の意思表示で
はなく、本人が拒否しないことが条件として提示された。さらに提供可能な
年齢だけど、生後12週未満を除いた０歳以上となった。それまでの臓器移植
法のもと、移植数は10年間で何例だった？ ⇒81例

⊙この「改正」によって、１年間で何例の移植数があったと思う？ ⇒55例

	臓器移植法（1997年）	「改正」臓器移植法（2009年）
脳死の位置づけ	臓器提供の場合だけ人の死	一般的に人の死
臓器提供の条件	本人の意思表示 家族の同意	本人が拒否していないこと 家族の同意
臓器提供が可能な条件	15歳以上	０歳以上(生後12週未満は除く)

4.子どもの臓器移植

⊙この「改正」臓器移植法のもと、2011年４月、関東甲信越地方の病院で15歳
未満の少年がはじめて脳死と判定された。肝臓や腎臓、心臓などの臓器が各
地の病院で移植された。特に心臓は大阪大学病院で10代後半の少年に移植さ
れたため、少年間で初の移植となったんだよ。翌2012年６月、富山大学病院
で６歳未満としてははじめての脳死判定がおこなわれた。この子どもから臓

器提供を受けたレシピエントの両親のコメントがあるんだけど、深い感謝の言葉がつづられているね。一方で親の立場に立つと、子どもの脳死、つまり子どもの死ってなかなか受け入れられないよね。脳死を受け入れられない親は、臓器移植なんて到底考えられないんじゃないかな。臓器提供の条件をもう1度確認しておくけど、本人が拒否していないことってあるよね。例えば乳児の場合、拒否できる？ ⇒拒否できない

⊙臓器移植について理解することが不可能だよね。本人が明確に拒否できないってことは、本人が拒否していないことだよね。ではこの場合、誰の判断になるかというと、もう1つの提供条件に家族の同意があるので家族ということになる。家族は子どもの死を受け入れた上で、臓器提供するかどうかという重い決断を迫られることになるんだね。2時間かけて、臓器移植を例に自己決定権について考えてきました。あなたは臓器を提供するの？ しないの？ 最後に感想をまとめよう。

《『読売新聞』2012年6月19日）

両親コメント全文

いま移植手術を無事に終えて、目の前にいる我が子を見て長く生き続けられるよう、精一杯の愛情とともに育みたいと思います。

臓器提供を待ち続けた親として、大きな希望の光を与えて頂いたことへの感謝の気持ちはとめどなく溢れてきますが、「ありがとう」以外にそれを表す適切な言葉が見つかりません。

また、今回の決断が、どれほど辛く深い悲しみのお心で子を持つ親としてその心中を深く察するとともに、子の勇気ある決断に心の底から敬意を表したいと思います。このご両親の思いをしっかりと受けとめ、お子様の命が私達の子供の一部として長く生き続けられるよう、我が子を大切に育みたいと思います。

このほかにも多くの方の助けをいただきました。移植を待つ長い間、我が子を支えて下さった関係者の皆様、命のリレーをつなぐめ動いて頂いた皆様に心より感謝いたします。どの一つが欠けても今日という日はございません。

また、術後多くの方々から我が子への励ましのお言葉が届いていることを知らされました。こうした多くの方の思いと行動にも強く支えられたことを深く胸に刻みたいと思います。

本当にありがとうございました。　平成24年6月17日

自己決定権 (2)

「改正」臓器移植法 (2009)
臓器提供の条件
(本人が拒否していない
  家族の同意
  → 0歳以上から 提供可能
  ※ 1年間で 55例
       ⇓
  6歳未満で初の脳死 (2012)
  心臓などの移植
  → レシピエントの両親が深く感謝
  ※ 一方で脳死を受け入れられない
      親の存在

5. 生徒の感想（2012年度）

◎自分が脳死になった場合、臓器を必要としている人の役に立ちたいので、臓器を提供すると思います。でも僕が脳死になったとしたら、家族が同意するのかどうかまではわかりません。もし僕の家族の中に脳死になった人がいたら、きれいな体のままで葬儀をしてあげたい気持ちがあります。でもやっぱり臓器を提供して、移植を待つ人を助けてあげたいです。移植をすることで、脳死になってしまった人も役に立ててうれしいはずです。一番大切なのは本人の意思なので、いつ脳死になるのかわからないので、日常からそういうことを話し合っておくことが大切だと思います。

◎自分自身が脳死になった場合、もう意識もないし、どうせ死んでしまったら臓器は燃やしてしまうものだから、提供することで助かる人がいることを考えれば、提供したいと思います。だけど、もし脳死になってしまったのが身近な家族ならどうだろうか。脳死であっても人工呼吸器などで、まだ体は生きているのだから、本当の死としては受け入れられないと思います。機械に助けられて生きていたとしても、生きているということに変わりはないと思うからです。だから自分が家族の脳死を目の前にして、自分が提供するかどうか決める場合、死を受け入れるまでは提供できないと思います。

◎自分が脳死になったら臓器を提供したいです。それで自分の臓器がどこかで生きてくれているのがうれしいからです。でも親からしてみると、自分の子どもが「死んでいる」ということを受け止めないといけないので、たいへんだと思います。以前、お母さんに「臓器提供はさせない」と言われたことがありました。家族が脳死になったら、私は臓器を提供したくないです。少しでも生きていることができるのなら、生きていてほしいからです。大切になってくるのは、自分の意思と家族の意思が合うことだと思います。理解してもらうのは難しいのかもしれないけど、少しずつ分かり合えていけたらなあと思います。

◎法律が改正され、「脳死は人の死」と定義された時、ちょっとうれしかったです。なぜなら脳死者が増えることで、ドナーになる人も増えると思ったからです。しかし、脳死の疑いがある娘と向き合う母親の姿を映像で見て、少し考えが変わりました。病気と一生懸命戦っている目の前の娘が脳死診断されると死んだことになりますが、本当に「脳死は人の死」なのだろうかと思いました。私は、ドナーが0歳以上になったことと、本人の拒否がなければ家族の同意だけで臓器移植できるようになったことはいいことだと思っています。しかし「脳死は人の死」なのかどうかは、もう少し脳死になった人の家族の意見も取り入れながら、もう1度検討すべきだと思いました。

◎臓器移植法を改正したことで、助かる命が多くなったかもしれません。しかしこの法改正で、「脳死は人の死」となり、人工呼吸器を外し、治療を止めるという判断が脳死者の家族に求められ、家族は精神的な苦痛が増えたのではないかと思います。自分の家族が脳死と診断され、臓器提供をするかどうかという判断を迫られたとき、自分はどう判断していいのかわかりません。しかし、臓器提供が身近になった今、あらためてそういうことに目を向けてみたいと思います。

◎改正臓器移植法によって、助かるかもしれない人と、治療が中断されて「死」と判断されるかもしれない恐怖と戦う人のどちらかが生まれてしまうことがわかりました。今、自分が脳死になってしまったら移植をすると思うけど、自分の家族がその立場になったらたぶん反対すると思います。家族が脳死と判断されたら、人のことまで考えられないかもしれないからです。人それぞれで考えることや思うことが違うので、法律の改正が良い影響を与えるのか、悪い影響を与えるのか、これから注意していきたいです。

◎私が脳死になったら、私は臓器移植をしたいです。臓器移植のドナーとなって、レシピエントの方との命のリレーのバトンをつなぐことができるので、そう思いました。命のリレーを、自分がレシピエントの方の力となって役立てるのなら、とてもうれしいです。でもお母さんは、私に「臓器提供をしてほしくない」と言っていました。「少し怖いなあ」とも思うけれども、自分の臓器がレシピエントの方の命のリレーのバトンがつなげるなら、「役に立ちたい」という思いの方が強いような気がします。これから家族が脳死になって、私が自己決定することになるかもしれません。もしもの時を考えて、臓器提供について家族と話したいです。科学の発達で、臓器提供できるようになったことは、とてもすばらしいと思います。私はドナーになって、レシピエントの方の命を助けたいです。人と人とが助け合って、命のバトンをつないでいきたいです。

◎自分自身が脳死になったら、臓器提供をした方が他の人の命が助かるかもしれないから、私は提供したいと思います。もし自分の子どもや家族が脳死と判断されたら、自分の時のようにすぐに決めることは難しいと思いました。この授業を勉強しながら、「この子は、この子のまま死なせてあげたい。」という、あるマンガのセリフを思い出していました。そのマンガでは、事故により脳死と判断されてしまう人が描かれています。その人は仮に自分が脳死になった場合、重い心臓病を患っている親友に「自分の心臓を提供したい」という意思を伝えていましたが、家族に同意されることはありませんでした。その人は、結局そのまま亡くなり、心臓病の親友もそのまま誰にも臓器を提

供されることなく亡くなりました。このマンガの話や授業で見たDVDなどから、臓器提供というのは法改正されても、とても難しい問題なんだと思いました。自分や家族の絆の深さについても、またもう一度思い返されました。

◎僕はこの法律は、臓器を提供される側としてはいい話かもしれませんが、提供する側としてはとても苦しい話だと思いました。僕たちのように臓器移植をあまり考えてこなかった者から見ると、単純に「提供してもいいじゃないか」と思う人もいますが、今日のビデオで見た親のようにわが子の脳死を受け入れられない人もいます。「この子はまだがんばっている」、「この子は死んでいない」など、脳死が「人の死」であるなんて考えられないと思うし、臓器を提供するという判断にふみきることは簡単なことではないと思います。しかし、臓器提供で救われることがたくさんあることを考えれば、僕なら臓器を提供すると思います。提供することによって、レシピエントの一部に自分がなるのだから、そのレシピエントが自分の生きた証であり、そのレシピエントが生き続けることが提供した家族の励みになると思います。

◎自分自身が脳死になった時も、家族が脳死になった時も、私は臓器を提供したいと考えています。「他の人の命が助かるから」などという正義感からではなく、燃やして灰にするよりも有効に活用すべきだと考えているからです。自己決定権がなくなってしまいますが、臓器提供はみんなにさせるべきだと個人的には考えています。義務とまではいかないまでも、臓器提供が当たり前の世の中になればいいと思います。メスが入るのが嫌だとかって考える人がいるかもしれませんが、死んだら痛くもかゆくもありません。自分が脳死状態になったら、そこまでして生きたいとは思わないので、人工呼吸器を外してもらいたいです。

◎私は自分自身が脳死になった時、臓器を提供してもいいと思っています。しかしそのことを親に話すと、「提供しない」と言われました。脳死に向き合う家族の映像を見て、自分が産んだ子どもの臓器を提供することは、難しいことだと思いました。臓器を提供するためには家族の同意が必要なので、臓器移植が簡単ではないことがわかりました。それでも救われる命があるのならば、私は臓器提供をしたいです。

◎私はやっぱり臓器を提供したいです。もし家族が脳死判定されたら、提供させたくない気持ちもあるので、私が脳死になったら家族もきっと悩むと思います。でもきちんと脳死の前に意思表示をすれば、家族も私の意思を尊重してくれると思っているので、ドナーカードを持っておくことは大切だと思いました。法律が改正されたことは、提供される側と提供する側の思いを考えると、絶対に正しいとは思わないけど、助かる命は増えると思うので、よか

ったのかもしれません。本当に難しい問題だと思います。

◎仮に自分自身が脳死になった場合、間違いなく「臓器提供したい」と意思表示していると思いますが、家族が脳死と判断された時は悩むと思います。脳死になる前にしっかりとした意思表示をドナーカードなどでしてあれば別ですが、意思表示がなかった場合、何を基準に考えればいいのか分かりません。目の前に体があって、臓器が機能しているにも関わらず、「死」と判断されてしまうのは、自分としては考えにくいです。確かに「他人の中で生き続ける」という解釈もできないことではないですが、難しい話です。これから生きていく上で考えていきたいです。

◎臓器移植について、僕はまだ決められません。僕は臓器移植には抵抗がありませんが、いざ自分のことや家族のことを考えると判断に迷います。臓器移植は他人の命を救うかもしれないということは分かっていても、自分の臓器を考えると迷います。家族の臓器を、仮に本人が提供の意思を表示していても、他の家族に判断を任せると思います。法改正により、ドナーの年齢がぐっと下がり、臓器移植が多くなってきましたが、それに伴って脳死を人の死と認めたくない人も多くなったのではないかと思います。

6. 位田隆一さんからの返信

＊位田さんはヒトES細胞の指針づくりに参加、現在滋賀大学学長。

◎臓器移植法が「提供」する側の自己決定権を基本にしているとはいえ、提供者本人のみでなく家族の意思や感情も巻き込んだ法制度であることを生徒たちがよく理解し、自分自身の臓器移植に対する意思決定を試みていると同時に、残される家族（遺族）の気持ちにも 想いを馳せていることに感心しました。さらに、昨今のどちらかといえば提供正義論的な流れの中で、提供しないという意思表示がきちんとした理由をもって表明できているのは、民主主義社会の中の確立した自己を形成するという意味で、生徒たちの今後の成長が楽しみでもあります。

他方で、先生がもしも今後に同様な機会を持たれるのであれば、次の2点について生徒諸君の考えをうかがいたいと思います。まず、わが国のような自己決定権と家族の意思の双方を必要とする制度が妥当かどうか、生徒たちに考えていただきたいということです。臓器移植法は自己決定権に必ずしも完全な効果を与えたものではありません。提供の意思が表明されている場合に、それに加えて家族の同意が必要である点は、改正の前後で変更はありません。諸外国では、家族の意思にかかわらず、本人の提供意思のみで提供が可能に

なっている国が少なくありません。生徒たちの意見はわが国の臓器移植法を基礎にして考えていると思いますが、人権としての自己決定権という観点からすれば、家族の意思によって自分の意思が貫徹できない、という問題があります。また、自分の意思が明らかでない場合に家族の意思決定のみで臓器が提供される、という条件を適当とするか否か、も同時に考えていただきたい問題です。

第2に、臓器移植法は、死体からの臓器提供に限って適用されますが、現在多く行われている生体からの臓器移植について、生徒諸君はどう考えるでしょうか。ご存知のように、私の前任校京都大学では、これまですでにおよそ1500例に上る生体肝移植が行われています。心臓の生体移植は無理であるとしても、死体からの移植に比べて生体からの肝臓その他の移植がはるかに多い状況は、これも諸外国と比べて大きな差があります。生徒諸君はこうした状況をどのように考えるでしょうか。

なお、細かな点ですが、先生が今回の改正によって「脳死」が臓器移植の場合のみでなく一律に人の死となった、とされている点については異論もあるところです。これは臓器摘出についての法律であり、それ以外の場合にこの法律が適用されるわけではないからです。確かに臓器移植の場合に限る趣旨の文言はなくなりましたが、だからと言って、この法律の規定だけで「一律に」脳死が人の死とは言い切れません。この点は私は先生と意見を異にします。確かにこれをきっかけに脳死が一律に人の死と認められるようになる可能性は大きいものがありますが、法律の解釈としては現時点でそこまで言い切ることはできないと思っております。

7. 多田裕子さんからの返信

＊多田さんは山陰初の移植を実施した山陰労災病院の院内移植コーディネーター。

◎私どもの病院が経験した臓器移植は、私自身の様々な物事の考え方を変化させる、大きなできごととなりました。私は日頃、救急病棟と集中治療室の師長をしております。また、臓器移植法の改訂に伴い、県知事から委嘱を受け、山陰労災病院「院内移植コーディネーター」という役を担い、現在に至っています。役割として、移植に伴う院内整備や、今回のような実際に臓器移植があった場合の調整などを担っています。

当院は以前、心臓死の下での腎臓や眼球摘出の移植を経験しておりました。鳥取県内では当院のみが経験しているという状況であり、いつ何時に臓器移植があるのかわからないという気持ちで、移植に関わる様々な規約、シミュレーションの実施など、急ピッチで取り組んでいました。その最中の2年前

のゴールデンウィークに、今回の移植対象患者の対応をおこなうことになりました。研修を受け、臓器移植経験医療者の話を聴き、自分なりに理解していたつもりでしたが、実際には想像を絶するできごとでした。病院側の臓器提供に至るまでの対応（インフォームド・コンセント）はもちろんのこと、私自身がいちばんつらく考えさせられたことは、家族へのケアの難しさでした。人の心は変化します。当たり前のことですが、家族内でも考えは違い、統一した考えになることは時間もかかります。常に家族に寄り添う気持ちで接し、傾聴する態度で家族看護をおこなっていきました。すべて終わった時、ご家族から「よかった。希望を叶えていただき、ありがとうございました。」という言葉を聞いた時には、涙が出るくらいホッとしたことを思い出します。医療の世界は日進月歩です。高度な医療が次々と実践されています。しかしながら、いくら医療技術が進んだとしても、人には誰しも最期があることを忘れてはいけません。その最期をどう迎えさせてあげるかは、本人の意思を尊重し、家族と医療者とで考えていかなければなりません。その選択肢の1つに臓器移植もあるのです。感想の中でも、生徒さん一人ひとりが「自分だったら」あるいは「家族だったら」という視点で考えを述べておられます。私も同じように考えたひとりでありました。「人の役に立ちたい」という気持ちと反面、きれい事では語ることのできない家族の心情があります。法の改正によって本人の意思が尊重されますが、家族の中には「反対」を言われる方もおられ、たいへんな決断を迫られる場面も少なくないと思われます。「臓器移植は必要なことだと思う。」、「自分は提供してもいいけど、家族は反対する。」、「自分の子どもだと提供したくない。」といった言葉をよく聞きます。まだまだ他人事で終わっている感じがします。私たち医療者が地道に啓蒙活動をしていくことで、少しでも理解していただく方が増え、臓器移植が日本においてスタンダードなものになっていけるように努力していきたいと思います。

臓器移植の件数は、徐々に増えてきています。日頃から臓器移植や臓器提供について、家族で話題にし、移植を身近なものに感じていってほしいと思います。益田中学校の3年生の生徒さんは、きっと家族とこの話題を共有されたことでしょう。臓器移植を通じ、「命とは」、「命の大切さ」、「命の継続」など、様々なことを考えるきっかけにもなったことと思います。多感な時期の生徒さんにとって、「命」について真剣に考え、「命の尊さ」と向き合うことができたのではないかと思います。今回取り組まれたことが、生徒さん一人ひとりの心に残り、今後の成長につながっていくことを祈ります。

22 被爆体験伝承者講話

1. 被爆体験伝承者講話

⊙平和主義について、特に核兵器の問題
について考えるにあたって、その導入
として被爆体験を伝承する沖西慶子さ
んに来校いただきました。沖西さん
は、長崎で被爆したお母さんの体験と
亡くなった伯父さんのことを伝承して
くださいます。

＊授業の導入にあたって、被爆の実相を
よりリアルにとらえさせるため、まず
被爆体験伝承者講話を設定した。被爆者の体験を直接聞くことができれば、
それが最善である。しかし、そうした場の設定には経済的な負担など、解決
しなければならないことも多いので、被爆体験伝承者等派遣事業を活用する
ことにした。現在被爆者は、高齢化したり、鬼籍に入ったりして、その体験
を次世代にどう語り継ぐのかが大きな課題となっている。この課題を克服す
る１つの手立てとして、広島では2012年から、長崎では2014年から、被爆体
験伝承者を養成しているが、2018年４月から全国に無料で派遣されることに
なったので、この事業を活用した。沖西さんの話を通して、生徒たちは原爆
が過去のものではなく、現在にも大きく影響を及ぼしていることを理解した。
また、ある生徒の質問に応じる中で、小学生の男の子が１人で妹の遺体を火
葬するなど、原爆孤児のエピソードが語られた。生徒たちの多くはこの話に
大きな衝撃を受け、「自分事」としてとらえた。歴史学習の中で戦争孤児に
ついて学んだが、このことも少なからず影響しているであろう。こうした内
容を聞いた上で、核兵器を明確に否定する生徒たちもいた。さらに、未来に
向けて自分の意思を表明する生徒も多く、沖西さんの講話が意義深い導入に
なったこと、そして被爆者が少なくなる中で、新たな学びのかたちであるこ
とを確信した。

2. 生徒の感想

◎原爆と聞いて思い浮かべるのは、投下された当時のことでした。しかし、沖西さんのように、被爆二世という視点での被害もあるということを、あらためて感じました。沖西さんのお母さんとそのいとこのお兄さんとのくらしは、戦時中だったけれど、楽しくて明るいものだったと思います。それが原爆の投下で多くの人が苦しみ、悲しむ日々に変わってしまいました。お母さんの素子さんが十歳だった時、実の兄のように仲のよかった忠三さんが亡くなってしまうなんて、辛すぎるできごとです。それも忠三さんの姿さえも見つけられないとなると、私なら死を受け入れられません。そんな思いをした子どもが長崎や広島に多くいて、家族全員を亡くしてしまった原爆孤児もいたそうです。沖西さんのお話の中で、小学生の男の子が1人で妹の遺体を焼いたという話が出てきました。私には2人の弟がいますが、絶対私には焼けないです。「なんで助けられなかったんだろう」とずっと後悔するし、一生笑うことができないくらい悲しむと思います。73年前に起こったことで、今も心に傷を負っている人が多くいると思います。私はそういう方々の傷を直接治す力はありません。しかし、少しでも傷がいえるように、もう二度と傷つく人が増えないように、戦争の恐ろしさや核兵器の被害などについて伝えていきたいです。そして「生きたい」と思っていた人の分まで生き続けること、命を粗末にしないことを心に留めておきたいです。

◎「被爆者だからですか？」という言葉が、頭から離れませんでした。今回お話をしていただいた沖西さんは、甲状腺がんになってしまいました。がんの検査をする時に、沖西さんのお母さんがお医者さんに「私が被爆者だからですか？」と聞いたそうです。お医者さんは「絶対とは言えませんが可能性はあります」と答えたそうです。あの日の原子爆弾が、人の人生、しかもその人の子どもまでをも巻き込んで変えてしまうことがあるようです。沖西さんのお母さんは、悲しいや苦しいだけでは済まされない気持ちになっただろうなと思いました。今広島にいる人でさえも原爆のことをよく知らない人がいると、ニュースで見たことがあります。これから戦争体験者の方は伝承できなくなってしまいます。しかし、この事実が伝わらなければ、原爆のような過ちがまた起こってしまいます。そんな世界は誰も望んでいません。だから私でもできるようなことをやって、微力でも伝承していきたいです。唯一の戦争被爆国のことを、次の世代につなげていきたいです。

◎沖西さんのお母さんと伯父さんが、長崎で被爆された話を聞きました。「この当時では普通のできごとだった」という言葉が、とても印象に残っていま

す。これは広島で被爆された方が、沖西さんにおっしゃった言葉だそうです。これを聞いて、いちばん最初に「原爆が落ちてたいへんな思いをすることのどこが普通なのだろう」と疑問に思いました。しかし沖西さんが「自分の家族だけじゃなく、広島や長崎にいた多くの方々が体験したことだ」とおっしゃったのを聞いて、あの言葉の意味がよくわかりました。同時に「これが普通」ということが、とても怖くなりました。自分の家族や友人、夢や希望、将来、さらには自分の命が一瞬でなくなることが「普通」なんて、あってはいけないことだと思います。沖西さんに、小学生の男の子が家族の遺体を自分で焼いた、という話を聞きました。家族がたくさん死んでしまい、どのような思いで遺体を焼いたのだろうと想像することは、今の私の普通とはあまりにも異なり、とても難しいです。しかし、このことはとても幸せなことだと思います。私は毎日勉強できて、ご飯もちゃんと食べることができて、家族や友人と安心してくらせていることに感謝し、一日一日をしっかり生きたいです。「生きたくても生きられなかった人」がたくさんいたことを、これからも忘れずにいたいです。

◎いちばん印象に残っているのは、沖西さんのお母さんが、多くの遺体が焼かれていた長崎市内で聞いた「足が落ちているから拾って！」という言葉です。この話を聞いて、今の私たちはそんな会話はしないし、したこともないのに、当時はそんな会話をしていたということに驚きました。戦争は私が思っているよりも何倍も悲惨で、言葉では言い表せない気持ちになりました。沖西さんは「自分のこととして考えてほしい」とおっしゃっていました。原爆孤児になった子が妹の遺体を自分で焼かなければいけなかったという話や５歳になってはじめて自分の名前を知った子どもの話など、どのエピソードに自分をあてはめても、きっと自分は耐えられないだろうなと思います。私にはまだまだ知らないことがたくさんあると思うので、もっと知りたいし、知っている範囲で知らない人にも伝えたいです。

◎「この当時では普通のできごとだった」という言葉が、とても印象に残っています。これは広島で被爆された方が、沖西さんにおっしゃった言葉だそうです。これを聞いて、いちばん最初に「原爆が落ちてたいへんな思いをすることのどこが普通なのだろう」と疑問に思いました。しかし沖西さんが「自分の家族だけじゃなく、広島や長崎にいた多くの方々が体験したことだ」とおっしゃったのを聞いて、あの言葉の意味がよくわかりました。同時に「これが普通」ということが、とても怖くなりました。自分の家族や友人、夢や希望、将来、さらには自分の命が一瞬でなくなることが「普通」なんて、あ

ってはいけないことだと思います。沖西さんに、小学生の男の子が家族の遺体を自分で焼いた、という話を聞きました。家族がたくさん死んでしまい、どのような思いで遺体を焼いたのだろうと想像することは、今の私の普通とはあまりにも異なり、とても難しいです。しかし、このことはとても幸せなことだと思います。私は毎日勉強できて、ご飯もちゃんと食べることができて、家族や友人と安心してくらせていることに感謝し、一日一日をしっかり生きたいです。「生きたくても生きられなかった人」がたくさんいたことを、これからも忘れずにいたいです。

23 平和憲法と自衛隊

1. 平和憲法

◉沖西さんの講話を導入にして、この時間から平和主義、特に核兵器の問題を中心に考えていきたいと思います。日本国憲法って、平和憲法ってよく言われるけど、なぜだと思う? ⇒前文、9条

◉前文の中に「われらは、全世界の国民が、ひとしく恐怖と欠乏から免かれ、平和のうちに生存する権利を有することを確認する。」ってある。前文の中で、まず「平和のうちに生存する権利」、つまり平和的生存権を規定している。その上で9条を規定しているんだ。9条についても確認しておくよ。1項で戦争の放棄を、2項で戦力の不保持と交戦権の否認について規定している。

2. 自衛隊

◉そうは言いつつも、この9条を読んでいて何か気になることってない? ⇒自衛隊

◉戦力の不保持を謳いながら、自衛隊が存在しているよね。自衛隊って、いったいどういう組織なんだろうか。自衛隊の人たちって、何をしているの? ⇒防衛、災害派遣など

◉自衛隊ってくらいだから、他国から攻撃された時に防衛する訓練を重ねています。東日本大震災や西日本豪雨などの災害時に、自衛隊員が活躍する姿は記憶に新しいね。戦争への反省などから、自衛隊の最高指揮官は文人、つまり現職の自衛官ではない内閣総理大臣にあり、防衛大臣も文人が担うことになっているんだよ。この原則を何というの? ⇒文民統制(シビリアン・コントロール)

◉ところで、防衛などに関わって、2015年に安全保障関連法が成立し、大きな任務が加わった。代表的なのが、これまで歴代政権が禁じてきた集団的自衛権の行使を可能にしたことだね。他国からの攻撃を受けた場合に反撃する個別的自衛権については、これまでも認められてきた。しかし、日本と密接な関係にある国が他国から攻撃された場合、密接な関係にある国への攻撃を日本への攻撃だとみなして反撃するのが集団的自衛権だ。密接な関係にある国ってどこ? ⇒アメリカ

◉つまりアメリカへの攻撃に対して反撃することになる。戦争のリスクが高まるので、この法律の制定には各地で抗議の声が上がったよ。日本とアメリカが密接な関係にあるというのは、歴史で学んだあの条約に由来しているよね。何という条約だった? ⇒日米安全保障条約

⊙安全保障関連法もそうだけど、近年日米関係が急速に強化されているよ。例えば、日米共同訓練で自衛隊とアメリカ軍との一体化が進んでいる。2018年、長崎県佐世保市の陸上自衛隊相浦駐屯地（あいのうら）に水陸機動団が設置された。島に上陸し、敵の陣地を制圧するという、これまでになかった任務を担う部隊だ。水陸機動団を指導しているのは、イラクやアフガニスタンなど、戦闘経験豊富なアメリカ海兵隊だよ。海上自衛隊の護衛艦「いずも」や「かが」も空母化に乗り出した。政府は「攻撃型空母は保有できない」と言っているので、空母と言わずに多用途運用護衛艦って言ってるけどね。洋上の滑走路として、アメリカ軍をサポートすることも今後考えられる。この他にもアメリカからの武器、政府は防衛装備品って言ってるけど、この購入額が近年大幅に増加しているよ。トランプ大統領の「バイ・アメリカン」、つまり「アメリカ製品を買おう」という圧力もかかっている。航空自衛隊に配備する最新鋭ステルス戦闘機「F35」を80から100機ほど購入することも検討されている。1機100億円を超えるので1兆円以上だ。最後に自衛隊の任務をもう1つ確認しておくよ。PKOなど、平和の維持や復興を支援する活動も任務の1つだ。国際貢献については、公民の授業の最後でまたじっくりと考えてもらうことにするよ。

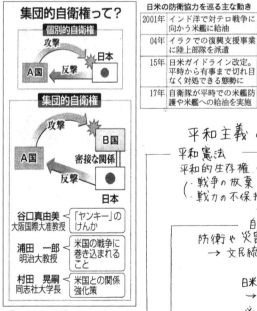

集団的自衛権って？

個別的自衛権

攻撃

A国 ⟷ 反撃 日本

集団的自衛権

攻撃

A国 B国

密接な関係

反撃 日本

谷口真由美 大阪国際大准教授	「ヤンキー」のけんか
浦田 一郎 明治大教授	米国の戦争に巻き込まれること
村田 晃嗣 同志社大学長	米国との関係強化策

『山陰中央新報』2014年5月16日）

日米の防衛協力を巡る主な動き	
2001年	インド洋で対テロ戦争に向かう米艦に給油
04年	イラクでの復興支援事業に陸上部隊を派遣
15年	日米ガイドライン改定。平時から有事まで切れ目なく対処できる態勢に
17年	自衛隊が平時での米艦防護や米艦への給油を実施

『日本経済新聞』2017年9月14日

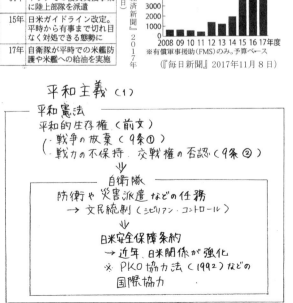

米国からの防衛装備品購入額

（億円）2008 09 10 11 12 13 14 15 16 17年度
※有償軍事援助（FMS）のみ。予算ベース

『毎日新聞』2017年11月8日）

平和主義（1）

平和憲法
　平和的生存権（前文）
　（・戦争の放棄（9条①）
　・戦力の不保持・交戦権の否認（9条②）
　　　　　　　↓
　　　自衛隊
　　防衛や災害派遣などの任務
　　→ 文民統制（シビリアン・コントロール）
　　　　　　↓
　　日米安全保障条約
　　→ 近年、日米関係が強化
　　※ PKO協力法（1992）などの
　　　国際協力

24 核兵器と日本

1.非核三原則

⊙この時間から、核兵器に焦点を絞って考えていくことにするよ。日本は唯一
の戦争被爆国だったね。だから核兵器に対しては、ある姿勢を示していた。
歴史の時間に学んだけど覚えてる？ ⇒非核三原則

⊙非核三原則ってどんな内容だった？ ⇒核兵器を持たず、つくらず、持ち込
ませず

⊙この非核三原則は日本の国是、つまり政府の基本的な方針なんだ。この非核
三原則を提唱したのが、佐藤栄作元首相だ。佐藤元首相って、安倍首相のお
じいちゃんの実の弟だよ。安倍首相のおじいちゃんって誰だった？ ⇒岸信
介元首相

⊙佐藤元首相は、この非核三原則などが評価されて、あの賞を受賞しているん
だけど、あの賞って何だと思う？ ⇒ノーベル平和賞

2.沖縄に集中する核兵器と基地

⊙話をお兄ちゃんの岸元首相の時代に戻すよ。唯一の戦争被爆国である日本は、
反核感情が強いので、日米安全保障条約を結ぶにあたって、核兵器について
何らかの歯止めをかけようとした。一方で岸元首相は、アメリカの核兵器が
抑止力として日本の安全保障に不可欠だとも考えたんだ。こうした中、彼は
日本の周辺にある、あの場所に注目する。あの場所ってどこ？ ⇒沖縄

⊙当時沖縄はアメリカ軍の施政権下だったね。彼はアメリカ軍が沖縄に核兵器
を配備することを黙認した。核抑止力に依存するしくみを完成させたんだ。
アメリカ軍基地も同じ構図だよ。では、沖縄に核兵器って何発くらい配備さ
れたと思う？ ⇒約1,300発

⊙冷戦期の1967年、約1,300発もの核兵器が配備されたんだよ。その5年後の
1972年、沖縄ってどうなった？ ⇒日本へ返還

⊙この返還に関わったのも佐藤元首相だよ。1969年、佐藤元首相とニクソン元
大統領が、沖縄の施政権を日本に返還することで合意したんだ。では、沖縄
にあった核兵器はどうなったの？ ⇒核兵器の撤去を約束

⊙日本に復帰するんだから、非核三原則に基づいて、核兵器を撤去するのは当
然だよね。ところがその後、有事の際に再びアメリカ軍が沖縄に核兵器の持
ち込みを認める密約が結ばれていたと証言する人物が現れた。この人物、佐
藤元首相の密使としてアメリカと接触していたんだよ。密約って、本当にあ
ったのかな？ ⇒核兵器の持ち込みについて広義の密約があった

⊙2010年、外務省の有識者委員会は、明文化された密約文書はないとしながらも、核の持ち込みについて広い意味での密約があったという結論に至った。2016年、NHKの取材班が密約に深くかかわったとされるメルビン・レアード元国防長官に電話インタビューした記録が残っている。彼はこの中で「日本とアメリカは密約の重要性をお互いに認識していた。我々は日本を守り続けたかった。日本は核兵器を持たず、丸裸なのだから。核兵器を沖縄に持ち込まないのなら、他の場所を探さなければならない。結局、日本は沖縄を選んだ。それが日本政府の立場だったよ。公にはできないだろうがね。」と述べている。同じNHKの取材に対し、アメリカ国防総省は「沖縄における核兵器の有無は回答しない」、外務省は「密約については現在無効だ」、「核兵器の持ち込みに関してはいかなる場合にもこれを拒否する」としている。沖縄への核兵器の持ち込み、みんなはどう思うかな。

日米密約の認定		
密約	有識者委員会	外務省
核持ち込み	広義の密約	日米の認識に不一致
朝鮮有事	狭義の密約	「朝鮮議事録」の写しを発見
沖縄核再持ち込み	密約とは言えない	「合意議事録」は外務省内では発見できず
沖縄原状回復肩代わり	広義の密約	日米で交渉したが文書は作成しないと結論

『山陰中央新報』2010年3月10日）

「持ち込ませず」誤りだった
佐藤元首相、非核三原則を後悔

外務省は9日、日米間の核持ち込みなどをめぐる「密約」に関する報告書の発表に伴い、関連文書331点を公開した。大半が機密指定を解除された極秘文書で、重要文書は55枚。「その他」2996点。この中には「非核三原則」を打ち出したことについて、佐藤栄作元首相が後悔の念を漏らしたことなどを配録した文書も見つかった。

1969年10月7日付のメモには、米アメリカ国防長官に対する当時の次官らと沖縄返還交渉について打ち合わせた際、「非核三原則」は誤りであったと反省している。この辺で、不完全武装だからどうするべきかということをもっと明らかにすべきであろうかと考えている」と述懐。この苦労は総理になってみないと分からないと語った。

また、村田良平・元外務次官が証言していた核持ち込み「密約」についてふれた手書きの文書も。歴代次官が証言していた核持ち込み「密約」についてふれた手書きの文書も。歴代次官が引き継いだとみられる文書も見つかった。

相=写真=が政府部内会議で後悔の念

また、外務省の東郷文彦北米局長が手書きした「装備の重要変更に関する事前協議の件」(68年1月27日付)の、核搭載艦船の寄港をめぐって、日米に解釈の違いがあることなどが書かれている。欄外には外務次官ら歴代の外相らに内容を報告した配録も手書きで残されていた。

佐藤元首相　非核三原則を後悔

『読売新聞』2010年3月10日

平和主義（2）
核兵器と日本
㊟佐藤栄作
㊟岸信介
非核三原則（1967）
→「持たず、つくらず、持ち込ませず」
※佐藤栄作首相がノーベル平和賞（1974）

沖縄
冷戦の中で核も基地が集中
→　約1300発が配備

沖縄返還合意（1969）
→核の撤去も約束
※一方で、核の持ち込みを
認める「密約」

25 核兵器とアメリカ

1. オバマ前大統領

⊙ 日本は非核三原則を国是としながら、アメリカの核抑止力に依存していたね。この時間は、そのアメリカにおける近年の核政策について学んでいくことにするよ。現在のトランプ大統領が就任する前の大統領って誰だった？ ⇒オバマ前大統領

⊙ オバマ前大統領と核兵器との関わりで思い出すことってない？ ⇒広島訪問

⊙ アメリカの現職の大統領として、はじめて広島を訪問したのがオバマ前大統領だったね。でもその前に、実はもう1つ大きな関わりがあったんだよ。就任間もない2009年4月、オバマ前大統領はチェコの首都プラハで演説し、核廃絶への具体的な目標を示すとともに、「核なき世界」を訴えた。こうした姿勢が評価されて、この年のノーベル平和賞を受賞しているんだよ。そして翌年に退任を控えた2016年5月に広島を訪問したんだ。ただこの時、あるモノを広島に持ち込んでいたんだよ。あるモノって、何だと思う？ ⇒核のボタン

⊙ 核攻撃の承認に使う機密装置を持った軍人も同行させていたんだ。「核なき世界」を訴えていたのに、被爆地広島に「核のボタン」を持ち込むことになるなんて複雑な心境だね。

2. トランプ大統領

⊙ その後就任したトランプ大統領、どんな核政策を進めているのかな。2018年、アメリカの核兵器をめぐって、大きな動きが相次いだので紹介するね。まず2月、トランプ大統領は核戦略を見直した。「使える核兵器」と言われる小型の核兵器の開発を盛り込んだ、新たな核戦略について公表した。アメリカが多く保有する戦略核は、都市を広範囲で破壊するほど威力が強いので、実際に使用することは難しいと言われている。そこで小型の「使いやすい」核兵器の開発を打ち出したというわけだ。さすがに唯一の戦争被爆国である日本政府は非難するよね？ ⇒歓迎した

⊙ 河野太郎外務大臣は、この核戦略がアメリカによる核抑止力の実効性の確保などを明確にするものだとして「高く評価する」との談話を発表した。さらに10月には、前年の12月に臨界前核実験を実施していたことが判明したんだ。臨界前核実験というのは、核爆発を伴わない模擬実験の1つで、アメリカでは5年ぶり28回目なんだって。5年前って2012年だよね。大統領って誰？ ⇒オバマ前大統領

⊙オバマ前大統領、「核なき世界」を訴えていたのに、臨界前核実験も実施してたんだね。話をトランプ大統領に戻そう。2018年10月、アメリカの核兵器をめぐって、もう１つ大きな動きがあったよ。中距離核戦力(INF)廃棄条約から離脱する方針をトランプ大統領が表明したんだ。中距離核戦力廃棄条約っていうのは、1987年に米ソ間で調印された条約で、米ソが地上に配備した射程500kmから5,500kmまでの核ミサイルを３年未満にすべて廃棄すると定めたものだ。この条約をきっかけにして、あれが終結したんだよ。あれって何？ ⇒冷戦

⊙なぜトランプ大統領は離脱を表明したのだろうか？ ⇒ロシアの条約違反を主張

⊙トランプ大統領は、アメリカが条約を守っているのに、ロシアが違反し続けていると主張しているんだ。トランプ大統領は、この条約は２国間のもので、条約に縛られないある国の中距離ミサイル開発についても批判している。ある国ってどこ？ ⇒中国

⊙中国はグアム島を射程に収める、中距離ミサイルを核戦力の主力に置いているとされる。だからといって一方的に離脱すること、どう思うかな。

INF条約の経緯		
	1987年12月	レーガン米大統領とソ連のゴルバチョフ共産党書記長が調印
	88年6月	発効
	91年5月	ミサイルの廃棄が完了
	2014年7月	米国がロシアの条約違反を指摘
	18年10月	トランプ米大統領、離脱方針を表明
	19年2月	米国が離脱を正式通告へ

オバマ米大統領（左）に同行して平和記念公園を訪れた米軍人（右端）。核攻撃の承認に使う機密装置を入れたカバンを右手に携えている＝外務省提供映像から

（『朝日新聞』2016年5月31日）

❖INF全廃条約を巡る相関図
（写真はロイター）

核戦力増強を警戒
条約違反を指摘
条約離脱を非難

米国
中国
ロシア

（『読売新聞』2019年2月2日）

平和主義（3）
核兵器とアメリカ
オバマ前大統領
・「核なき世界」でノーベル平和賞（2009）
・広島訪問（2016）
　→一方で「核のボタン」を持ち込む
　　　　⇓
　　トランプ大統領
核戦略の見直し
　→「使える核（小型核）」の開発（2018.2）
　中距離核戦力廃棄条約を離脱（2018.10）
　→ロシアや中国の核開発を批判

26 核兵器と世界

1. 世界の核兵器数

◎核兵器について、日本やアメリカの動向を学んできたけど、この時間はもう少し広げて、世界はどうなのかっていうことを考えてみるよ。現在、世界には核兵器がいくつくらい存在するかな。ちょっとシミュレーションをやってみるよ。じゃあ机の上に伏せて、目を閉じてね。1945年8月6日、広島。（BB弾を1個ほど空き缶の中に落とすとカーンという甲高い音が響く）1945年8月9日、長崎。（再度1個落とするカーンと響く）2018年11月14日、世界。（15,000個のBB弾を一気に落とすとザアーというけたたましい音が長時間教室内に響く）目を開けていいよ。どうだったかな。実はBB弾を核兵器に見立てて、空き缶の中に落としたんだ。このBB弾の数が、現在世界にある核兵器の数と同じだよ。現在世界には核兵器が約何発あると思う？ ⇒約15,000発

◎1945年8月の時点で広島と長崎に投下された2発しかなかったのに、その後増え続け、現在世界には約15,000発もの核兵器が存在するんだ。世界の核兵器の数、実はこれでもピーク時よりも減ってきているんだよ。ピークは冷戦期の1980年代後半、70,000発を超える核兵器があったんだ。では、現在世界で最も核兵器を保有する国ってどこだと思う？ ⇒ロシア

◎世界で最も核兵器を保有するのはロシアで7,000発、次いでアメリカが6,800発だよ。この2か国だけで世界中の核兵器のほとんどを保有している。その他、フランスや中国、イギリスに加え、インド、パキスタン、イスラエル、そして北朝鮮が保有している。

2. 核兵器禁止条約

◎2017年7月、核兵器の使用や保有などを法的に禁止する条約が、国際連合本部の条約交渉会議で採択されたけど、条約の名前って聞いたことがあるかな？ ⇒核兵器禁止条約

◎核兵器禁止条約は、オーストリアやメキシコなどが旗振り役になって、122か国の賛成で採択されたんだ。この条約の採択には、政府機関だけではなく、被爆者や国際NGOの活動が後押しとなったんだ。特に核兵器廃絶国際キャンペーン（ICAN）は、被爆者の声を広く世界に伝え、それが非核保有国を動かし、核兵器禁止条約の成立につながった。ICANはその年、あの賞を受賞し

てるんだけど、何賞？ ⇒ノーベル平和賞

⊙ただこの核兵器禁止条約、あの国々は参加していないんだ。あの国々って、どの国々？ ⇒核保有国

⊙アメリカやロシアなどの核保有国は参加していないよ。唯一の戦争被爆国である日本は、もちろん参加しているよね？ ⇒不参加

⊙唯一の戦争被爆国なのに、アメリカの「核の傘」の中にある日本は参加せず、核保有国と非核保有国の橋渡し役を担うんだって。日本の役割って、それでいいのかな。

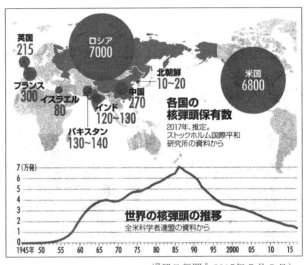

（『朝日新聞』2017年7月9日）

平和主義（4）
　核兵器と世界
　現在 約15000の核が存在
　　→ ロシア7000, アメリカ6800 など

　　　　　核兵器禁止条約（2017）
　国連で 122か国が 賛成 して採択
　　→ 背景に 国際NGO の ICAN の活動
　　※ ICAN が ノーベル平和賞（2017）
　　　　　↓
　　核保有国が 不参加
　　　→「核の傘」にある日本も 不参加

オーストリア
メキシコ
特に支持

b. 米・英・仏

日本・韓国・ドイツ・イタリア

27 核兵器、どうしますか？

1. これまでの学習のまとめ

⊙沖西さんの被爆体験伝承者講話を導入に、核兵
　器の動向について考えてきたよね。今まで学ん
　できたことを、黒板の上でまとめてみるよ。

＊これまでの授業で使用した資料を黒板に貼りつ
　けながら、視覚的にふりかえられるとよい。

2. 被爆者の声

⊙2017年に核兵器禁止条約が採択されたけど、これに大きく貢献したのが被爆
　者の方々だったね。特にカナダ在住のサーロー節子さんは、被爆体験を世界
　中で語り続けてきたICANの顔だ。そんなサーローさん、ノーベル賞の授賞式
　で演説しているよ。サーローさんは、「何者か判別もできない溶けた肉の塊
　に変わってしまった」という４歳だった甥について語った上で、核兵器によ
　って脅かされている世界をinsanity（愚行）、核兵器そのものをultimate evil
　（究極の悪）と訴えている。さらにもう１つ、こんな場面を紹介します。20
　17年８月９日の平和祈念式典後、安倍首相は長崎の被爆者と対面します。被
　爆者代表の要望を聞く機会だったんだけど、この時要望書を手渡す前に、あ
　る被爆者の口から発せられた言葉が衝撃的だった。安倍首相に何と言ったと
　思う？　⇒あなたはどこの国の総理ですか。私たちをあなたは見捨てるので
　すか。

⊙「あなたはどこの国の総理ですか」っていう言葉、重たいよね。

3. あなたにできる６つのこと

⊙核兵器について考えてきたよね。核兵器の問題って、中学生にとっては掴み
　どころのない話だと思うんだけど、みんなにもできることってないかな。そ
　のヒントにでもなればと思って、川崎 哲 さんという人を紹介するね。川崎
　さんはICANの国際運営委員で、NGOピースボートの共同代表を務めている。
　核兵器の製造に携わる企業や融資する銀行をWeb上で公開するなど、圧力を
　かけているよ。ただ、みんなには川崎さんと同じような活動をすることは難
　しいよね。だから、川崎さんが自身の本『核兵器はなくせる』の中で示した
　「あなたにできる６つのこと」を紹介するね。「あなたにできる６つのこ
　と」とは、#YesICANをつけてソーシャルメディアに投稿すること、ヒバク
　シャ国際署名に協力すること、平和博物館に出かけること、市町村レベルの
　イベントに参加すること、国政レベルでの関わりをもつこと、そして被爆者

の話を聞くことの６つだよ。そういえば吉賀町内で開催された人権啓発上映会で映画『この世界の片隅に』を鑑賞した生徒たちもいたし、伝承者の沖西さんの講話を聞くこともできたから、こうした活動はハードルが高くなさそうだね。

＊ヒバクシャ国際署名については、ホームページの中に署名した地方自治体と首長名が記されている。吉賀町の岩本一巳町長の名前を確認した時、歓声を上げて喜ぶ生徒たちの姿が印象に残った。自分たちの住む地方自治体の首長が署名しているかどうかを確認するとおもしろい。

◉みんなは５か月後には高校生になるので、2018年のノーベル平和賞候補にもなった高校生平和大使についても紹介しておくね。興味があれば、こういう活動だってできるんだよ。では最後に、川崎さんの言葉を紹介しておくね。
「核兵器は絶対になくなる。問題はなくなる前に使われるか、使われる前になくなるか。次に核兵器が使われたら、さすがにみんな、もうこれはダメだなとなくしますよね。それからでいいんですか。次使われる前になくすしかない。」

４. 生徒の感想 （2018年度）

◎平和主義について学習する中で、核兵器についての世界の動きを知ることができました。日本は憲法の基本原理の１つに平和主義を掲げています。また、唯一の戦争被爆国で、恐ろしい体験をしている方々もたくさんいます。アメリカの「核の傘」にあるからかもしれませんが、国際連合で採択された核兵器禁止条約に参加しないという事実を聞いて、とても驚きました。日本が先頭に立って核廃絶を訴えないといけないのに残念な思いもしました。現在の日本は、平和主義を無視しているようなところがあるように思いました。この他にも軍事的に密接な関係にあるアメリカから単価147億円もする戦闘機を何機も購入する計画がありました。戦闘機なんて、いつ使うのでしょうか。しかもその戦闘機は、税金で支払われています。とてもショックです。トランプ大統領が「使える核兵器」を開発しようとしていることを知って、いつか核戦争が起こってしまうのではないかと怖くなりました。核兵器は、大きい小さい、使える使えないではなく、作っても使ってもダメだと思います。私には、私一人で戦争を止める力や核兵器をなくす力はありません。しかし、授業の中で紹介された川崎哲さんの「あなたにできる６つのこと」を１つでも多く取

り組んでみたいと思います。そして、周囲の人も巻き込んで、みんなで取り組みたいです。

◎たくさんの被害者が出たのに、73年経っても核兵器がなくなっていないのはショックです。世界では「核兵器をなくそう」と取り組みを続け、核兵器禁止条約の採択に積極的な国もあるのに、参加しなかった日本の姿にもショックを受けました。唯一の戦争被爆国である日本は、いちばん核兵器の恐ろしさを知っているからこそ、核廃絶を訴えるべきだと思います。しかし、今は核廃絶論と核抑止論の間にいるだけで、嫌なことから逃げているように見えます。日米安全保障条約のもと、核保有国であるアメリカの「核の傘」の中にあるから、風当たりを気にして核廃絶を言いきれていない気がします。非核三原則を定め、「過ちは繰り返さない」と言っているのに、アメリカの「使える核」開発を歓迎していて、矛盾した部分が多く、平和に向かっていないなと感じます。この他にも、アメリカが中距離核戦力廃棄条約から離脱するなど、核軍縮どころか、核軍拡になっている印象を受けます。特にアメリカやロシアなどの核保有国は、核不拡散条約のもと、そもそも核兵器を保有することが大前提になっていて危険です。ICANの人々がいくら核廃絶を訴えても、聞く耳をもたなければ進展しないと思います。平和のためにも、まずは双方がお互いの主張に耳を傾けてほしいです。どの国のどんな人も核兵器によって大切な人を失いたくない気持ちは同じで、使わないことを望んでいるのも同じだと思います。だからこそ核廃絶に向けて話し合ってほしいです。私も市町村レベルでのイベントに参加したり、被爆者の話を聞いたりするなど、小さなことだけど積極的に取り組みたいです。

◎日本は唯一の戦争被爆国なのに「核の傘」の中にあったり、核兵器禁止条約に参加していなかったりと矛盾した対応だなあと思いました。これから核廃絶へと向かうためにも、今自分たちができることは、被爆者の話を聞いたり、ヒバクシャ国際署名に協力したりすることだと思います。しかし、今すぐに核兵器をなくせるというわけでもないので、これからそのような雰囲気が世界中に広がっていくといいなと思います。そして、いつか核兵器がなくなってほしいです。トランプ大統領が「使える核」を開発すると言っていましたが、この発言に日本政府は反対するべきだと思います。しかし、この動きに反対するどころか、歓迎していたので、ありえないなと思いました。アメリカが「核なき世界」をめざせば、「核の傘」にある国々もそれに賛成するだろうし、世界もそのような動きになると思います。一方、オバマ前大統領は「核なき世界」をめざしたことなどからノーベル平和賞を受賞したにもかか

わらず、広島に訪問した時に「核のボタン」を持ち込んでいました。同じように、佐藤栄作元首相は「持たず、つくらず、持ち込ませず」という非核三原則などが評価されてノーベル平和賞を受賞しましたが、当時の沖縄にはたくさんの核兵器があり、沖縄返還後の持ち込みについて「密約」があったことなども矛盾を感じました。

◎小学校の頃から、被爆者の話を聞いたり、本を読んだりして、核兵器について学んできました。授業などを通して、広島や長崎の方々だけが被爆したわけではないことを知りました。アメリカでは、核実験で実際に核兵器を投下し、実戦を想定するため、そこへ兵士たちを突入させる訓練がありました。なぜ同じ人間に対して、こんなにひどいことができるのか、理解できません。被爆体験の話でいつも聞く言葉は、「死にたくて死んだ人はいない。」、「夢や希望、家族、友だちを一瞬で失った。」というものです。ボタン1つで、たくさんの人たちの未来が消えてしまいます。しかし、今の日本はアメリカの「核の傘」に守られていて、日本政府は小型化された核兵器の開発を歓迎しています。核兵器は、絶対になくすべきだと思います。しかし、アメリカやロシアなどの核保有国は、「他の国が持っているので、自分たちが持てないのは不公平だ。」という理由で、核開発を進めているのが現状です。核兵器をなくすために、私たちに何ができるのかを授業の最後に学びました。そのことをふまえて私にできることは、やはり平和と戦争について学び続け、学んだことをみんなと共有していくことだと思います。そして核兵器によって守られていることに、疑問を持ち続けていかないといけないと思いました。

◎授業で核兵器について学ぶ中で、核保有国や日本は何を考えているのだろうかと感じました。核兵器禁止条約は、今の世界にいちばん必要な条約だと思います。なぜなら、この条約があれば、核兵器の使用による人の死がなくなるからです。それなのに核保有国と「核の傘」の下にある日本は、この条約に参加しませんでした。それはつまり「この世界に核兵器は存在すべきだ」と言っているようなものです。この事実を知って、核保有国への疑問が頭の中に浮かびました。それは「核兵器を保有しておくことに意味があるのだろうか」というものです。現在、世界大戦のような戦争は起こっていないし、核保有国は内戦もしていません。それにもかかわらず、なぜ核兵器を保有するのでしょうか。自分たちが核兵器を使用する機会をつくらなければ、永遠に使うことはありません。そうであれば核兵器を持たずに条約に参加すれば、世界に不安は残らなかったのになあと思いました。そして、日本です。日本は核兵器も持っていないし、非核三原則も掲げています。日米安全保障条約

を結んでいなければ、きっと条約に参加したと思います。日本は世界で唯一の戦争被爆国です。このことは、これから先何年もずっと背負っていかなければならない事実です。その日本が、核廃絶に向かう条約に参加しないなんてありえません。そして日本は、永遠に唯一の戦争被爆国でなければならないと、授業を通して強く感じました。

◎核兵器と国や人との関わりについて、授業の中で考えました。核兵器や戦争はとても怖いです。しかし、世界には約15,000発もの核兵器があることを知って、想像した以上の数でとても驚きました。日本は「核の傘」にあるため、核兵器禁止条約について話し合う会議に参加しませんでした。核廃絶は日本が率先して取り組むべきことなのに、信じられないことだと思いました。核廃絶に向けて取り組みをすすめた方が、絶対にいいと思います。そのために、川崎哲さんが提案していた中で取り組みたいことがありました。それは、平和博物館に行くこと、被爆者の話を聞くこと、市町村レベルのイベントに参加することの3つです。「核なき世界」を実現するためには、一人ひとりの考えや思いを大切にしていくことが必要だと思います。最初はこうした思いに同調してくれる人が少なくても、「核なき世界」への思いを忘れず、それがたくさんの人に伝われば、願いに少しずつ近づくと思います。だから、平和博物館に行くことなどを通して、学んだり、考えたりしたことを忘れずに、これから生活していきたいです。

5．沖西慶子さんからの返信

◎講話を終えた後に、こうして引き続きご連絡をいただけることをとても嬉しく思います。生徒さん達は、授業の内容をしっかり把握しておられますね。感想もお一人お一人が一生懸命考えて書いているのが、よく伝わります。日本の置かれた立場、核兵器禁止条約、核の傘、非核三原則、集団的自衛権など大人でも正確に理解することが難しいことをよく理解して自分の言葉で意見を書いておられるのが素晴らしいと思いました。（一部抜粋）

6．浅野孝仁さんからの返信

　　＊浅野さんは「被爆地における平和教育の新たな試み」について報告した
　　　毎日新聞記者。

◎お世話になっております。毎日新聞長崎支局の浅野です。自分の記事を授業で使っていただき、本当に感謝申し上げます。生徒の皆さんに何か伝えられれば、これほど記者冥利に尽きることはありません。長崎原爆のお話を披露

された沖西さんと私は面識がありませんが、おそらくとても琴線に触れるお話をされたのだろうと思います。生徒さんの感想を読むと、それこそ「自分事」のように感情を移入した素晴らしい文章を書かれていて、生徒さんの感受性の豊かさを感じ、気持ちを表現することが上手なのだと思いました。それも、山本先生はじめ教師の皆さまの教育のたまものだと思います。一連の授業を終えて、生徒の皆さんが自分でもできることをしようという気持ちになっていたことをとても心強く感じました。新聞記事では、読者に疑問や現状を投げかけることしかできませんが、その投げかけが小さくても何らかの活動や動くきっかけになれば、これほどうれしいことはありません。長崎から地道でも記事を書き続けていこうと勇気づけられた思いがしています。山本先生はじめ、生徒の皆さんも高校に進学した後も平和への思いを心の片隅に持ち続けていてくだされば、被爆地の一市民としてうれしく思います。

28 選挙制度と課題

1. 4原則

◎この時間から、いよいよ政治について学習していくね。民主政治について学んでいくんだけど、現代の国家規模になると、古代ギリシャのような直接民主制は困難で、代表者が議会で議論するやり方が一般的だよね。このやり方を何というの？ ⇒間接民主制、議会制民主主義など

◎この代表者を決めるのが選挙だよね。選挙には4つの原則があるんだよ。歴史の時間にも学んだけど、かつての日本でも納税条件によって選挙権が制限されていたことがあったね。これを制限選挙って言ったけど、これとは逆に納税条件によらずに選挙権が認められる選挙を何というの？ ⇒普通選挙

◎1人1票の選挙は？ 投票用紙に投票者名を記さなくてもいい選挙は？ 候補者に直接投票できる選挙は？ ⇒平等選挙、秘密選挙、直接選挙

2. 小選挙区比例代表並立制

◎選挙制度について、衆議院を例に詳しく確認していくことにしよう。衆議院の選挙制度は、2つの選挙制度を組み合わせて実施されているよ。何という制度と何という制度？ ⇒小選挙区制、比例代表制

◎この2つを組み合わせているので、まとめて何というの？ ⇒小選挙区比例代表並立制

◎現在、衆議院議員の定数は465人です。このうち289人は、小選挙区制という選挙制度で選ばれるんだ。小選挙区制というのは、全国を289の選挙区に分けて、1つの選挙区から1人の当選者を出す選挙制度だ。全国を289の選挙区に分けるって言ったけど、島根にはいくつ選挙区があると思う？ ⇒2つ

◎有権者数によって分けられるので、人口の少ない島根は2つしかない。みんなの住む津和野町は島根2区だよ。2017年の衆院選で島根2区から選ばれている衆議院議員って誰？ ⇒竹下亘さん

◎竹下亘さんって、お兄ちゃんはあの人だよ。誰かわかる？ ⇒故竹下登さん

◎元内閣総理大臣の故竹下登さん。DAIGOさんのおじいちゃんだね。ただ、この小選挙区制、課題もないことはないんだ。大きい政党と、小さい政党、どちらに有利だと思う？ ⇒大きい政党

◎力のある大きな政党がどうしても有利なんだ。1つの選挙区から1人しか選ばれないってことは、当選者以外に投票した有権者の票は意味をなさないよね。これを死票っていうんだけど、この死票が多くなるのも課題だ。選挙区は有権者数によって分けるって言ったけど、実は選挙区によって有権者数に

開きがある。2017年の衆院選では、鳥取１区の有権者数23万8,771人に対し、東京13区は47万2,423人で、投票価値の不平等が問題になっている。この問題のことを何というの？ ⇒１票の格差

⊙もう１つの選挙制度は比例代表制だったね。定数465人から小選挙区制の289人を差し引いた176人が比例代表制で選ばれる。比例代表制では、有権者が政党に投票し、政党はその得票に応じて議席を配分されるんだ。比例代表制のしくみを見てごらん。Ａ党からＤ党までの得票が、それぞれ太い線の中に１から４で割ってある。７人の当選者を出す場合、太い線の中の16の数字のうち、大きい順に７つ○をしてごらん。そうするとＡ党３名、Ｂ党２名、Ｃ党２名、Ｄ党０名となる。これが比例代表制だよ。

⊙2017年の衆院選の島根１区の結果はどうなっているかな。小選挙区制では細田博之さん、そして小選挙区制では細田さんに敗れた亀井亜紀子さんが比例代表制で復活当選しているよ。亀井亜紀子さん、ご先祖さんって誰かわかるよね。→津和野藩主の亀井氏

⊙この他、例えば静岡１区では小選挙区制で３番目の得票だった候補者が比例代表制で復活当選しているし、福岡10区では比例代表制で復活当選した２名を含めて３名全員が当選しているから不思議だね。

比例代表制のしくみ
（７名の当選者を出す場合）

	Ａ党	Ｂ党	Ｃ党	Ｄ党
票数	1,500	900	720	350
１で割る	1,500	900	720	350
２で割る	750	450	360	175
３で割る	500	300	240	166
４で割る	375	225	180	87
当選人数（○の数）				

（『朝日新聞』2017年10月24日）

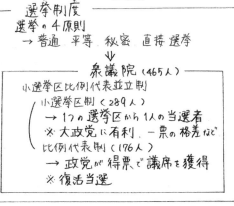

29 政党政治

1. 与党

◎民主政治において、議論を進めても意見が一致しないことがあるよね。だけど、いつかは何らかの意思決定が迫られる。この時、最終的な決定の方法として、どんな原理が採用されているの？ ⇒多数決の原理

◎多数決の原理がある以上、議員たちも考え方の近い人たちが集まって多数派を形成しようとする。議会で多数の議席の獲得をめざす、このような団体を何というの？ ⇒政党

◎どんな政党を知っているの？ ⇒自由民主党、立憲民主党、国民民主党、公明党、日本共産党、日本維新の会、自由党、希望の党、社会民主党など

＊各政党のマニフェストの表紙などを黒板に貼りつけながら提示するとわかりやすい。

◎多数決の原理があるので、過半数の議席を獲得できれば政権を担当できるよね。また後日学ぶことになるけど、参議院よりも、衆議院で過半数の議席を獲得することが重要だよ。こうして政権を担当する政党のことを何というの？ ⇒与党

◎現在の与党は何という政党なの？ ⇒自由民主党、公明党

◎2つ以上の政党が担う政権を何というの？ ⇒連立政権

◎与党の中からあの人が選ばれるよね。あの人って誰？ ⇒内閣総理大臣

◎現在の安倍首相、自由民主党のトップの役職、総裁でもあるんだよ。安倍首相は、その後ある組織をつくるよね。ある組織って何？ ⇒内閣

◎話を2009年に戻すよ。この年の９月、民主党を中心とする連立政権が誕生した。その後の2011年９月、野田佳彦前首相が民主党と国民新党による連立政権を担った。

2. 政権交代

◎この野田前首相のもと、2012年12月に衆院選が実施されることになったよ。各政党は選挙にあたって政権公約を有権者に示すけど、この政権公約のことを別名で何というの？ ⇒マニフェスト

◎この2012年の衆院選、結果はどうなったと思う？ ⇒自由民主党が単独過半数

◎自由民主党が単独で過半数を獲得し、政権を奪い返した。これを何ていうの？ ⇒政権交代

◎自由民主党は単独でも政権を担うことができたけど、より安定的な政権運営のために連立政権を組織した。最初にも出てきたけど、連立を組んだのは何

という政党？　⇒公明党

⊙国民新党はこの選挙をきっかけに解党し、民主党は政権を追われたわけだよね。こういう政党のことを、与党に対して何と言うの？　⇒野党

⊙野党の役割って何なの？　⇒与党を批判し監視すること

3.マニフェスト

⊙マニフェストって、その多くは冊子になっていて細々と政権公約が示されている。新聞にはこうしたマニフェストを要約したものが、政党ごとに比較できるように掲載されているよ。ただ、政党数も多いし、政治課題だっていくつもあるので、すべてを読むのは難しい。そこで今回、2017年の衆院選で示された、消費税増税、原発、憲法という３つの政治課題について、「自由民主党・公明党」、「希望の党・日本維新の会」、「立憲民主党、日本共産党、社会民主党」の３極がどのように考えているのかを示した資料を準備したよ。あなたはこの３極のうち、どこを選ぶかな。

主要争点を巡る３極の政策比較

	自民・公明	希望・維新	立憲民主・共産・社民
消費税増税	自公：税率を2019年10月に10％へ引き上げ。増収分を子育て支援の充実や教育無償化に充当	希望：本格的な景気回復までの増税凍結／維新：身を切る改革で増税凍結	立憲：現在の経済状況では増税反対／共産・社民：10％への増税中止
原発	自民：重要なベースロード電源として活用。バランスの取れたエネルギーミックスを実現／公明：再生可能エネルギー最大限導入し、原発ゼロを目指す	希望：2030年までに原発ゼロを目指す／維新：再生可能エネルギーの導入促進、既設原発はフェードアウト	立憲：原発ゼロを目指す／共産・社民：原発ゼロ、再稼働反対
憲法	自民：自衛隊の明記を含めた初の憲法改正を目指す／公明：自衛隊明記は理解できないわけではないが、国民は自衛隊を憲法違反とは考えていない	希望：9条を含めた改憲論議を進める／維新：国民の生命、財産を守るための9条改正	立憲：安倍政権下での9条改正に反対／共産・社民：憲法改正に反対

《山陰中央新報》2017年10月5日

政党政治

与党
衆議院で過半数の議席を得て政権を担当
　→ 内閣総理大臣を選び、内閣を組織
　※ 民主党と国民新党による連立政権（2009〜）
　　　⇓
　　衆院選（2012）
　各党によるマニフェスト（政権公約）
　　→ 自民党が単独で過半数（政権交代）
　　※ 自民党と公明党による連立政権
　　　⇓
　民主党が野党へ
　　→ 与党を批判・監視

今の与党
自民党
公明党

社民党
日本共産党
立憲民主党
日本維新の会
希望の党

30 マスメディアと政治

1. 世論

⊙民主政治について学んでいるんだけど、この時間はマスメディアと政治との
関わりについて考えてみたい。民主政治である以上、多くの人々の考え方を
反映しなければならないよね。多くの人々の考え方って、一般的に何という
の? ⇒世論

⊙内閣支持率や政党支持率といった世論調査があって、こうした世論を反映し
ながら民主政治はおこなわれている。例えば、内閣支持率が30%未満になる
と危険水域と言われるんだ。内閣支持率って、政治的な成果がなければなか
なか回復しないので、この危険水域が続けば、やがて総辞職なんてことにも
なりかねない。

2. ウオッチ・ドッグ

⊙こうした世論調査を実施しているのが、大量の情報伝達をしているマスメディ
アだ。マスメディアにはどんなものがあるの? ⇒新聞、テレビ、ラジオ

⊙マスメディアには、私たちの知る権利を保障するため、政治を監視する「ウ
オッチ・ドッグ」としての役割がある。三権分立について学んだけど、こう
した国家権力とは別に、政治を監視するという意味で「第4の権力」という
位置づけでだ。しかし、歴史の学習でも学んできた通り、マスメディアが時
の政権に利用され、加担してきたことがあったよね。いつのことだった?
　⇒戦争

⊙マスメディアが戦争をあおり、人々の人権を奪ってきたよね。だから、真実
を報道するため、時には政府と対立することが求められるんだ。イギリスの
公共放送、日本で言えばNHKにあたるのがBBCだ。2003年、イラク戦争の開戦
理由とされる「大量破壊兵器」の実態報道について、BBCはブレア政権と激
しく対立した。こうした姿勢が評価され、2012年によるイギリスのガーディ
アン紙の調査では、イギリスで最も信頼できるニュースソースとして、BBC
がすべてのテレビや新聞の中で最も高い信頼度を獲得しているんだ。

3. 日本の報道現場

⊙一方で、日本はどうかな。2016年3月、テレビ朝日「報道ステーション」、
TBS「ニュース23」、NHK「クローズアップ現代」の看板キャスターが相次い
で降板した。いずれも歯に衣着せぬ発言で、時に政権から批判されたキャス
ターたちだ。報道の現場では、政権の意向を忖度し、報道内容を自制する雰
囲気もあるという新聞報道もあったよ。また、最近の菅義偉官房長官の記者

会見の中で、東京新聞の望月衣塑子記者の質問について、首相官邸が「事実誤認」と断定して質問制限ともとれる要請文を記者クラブ宛てに出したり、菅長官が「あなたに答える必要はありません」と述べたりしたことが報道された。こうした最近の動向を反映してか、国際NGO「国境なき記者団」が報道の自由度ランキングというのを発表しているんだけど、日本はこの順位が低下傾向にあるんだ。2010年のランキング、日本は何位だったと思う？ ⇒11位

⊙その後、2014年には59位、2015年には61位と低下し、2016年には世界180か国・地域のうち、何位だったと思う？ ⇒72位

⊙特定秘密保護法なんかの成立も大きかったみたいだね。ただ、デモへの参加や電子署名への勧誘などがソーシャルメディアで拡散する状況に、民主主義の新たな息吹のようなものは感じるんだけどね。

■報道の自由度ランキング
（カッコ内は前年順位）

上位5カ国
1　フィンランド（1）
2　オランダ（4）
3　ノルウェー（2）
4　デンマーク（3）
5　ニュージーランド（6）

G8国
16　ドイツ（12）
18　カナダ（8）
38　英国（34）
41　米国（49）
45　フランス（38）
72　日本（61）
77　イタリア（73）
148　ロシア（152）

ワースト5カ国
176　中国（176）
177　シリア（177）
178　トルクメニスタン（178）
179　北朝鮮（179）
180　エリトリア（180）

『朝日新聞』2016年4月21日

官房長官会見をめぐる主な文書や発言

東京新聞記者の質問に対して内閣記者会に	▶	首相官邸 「事実誤認がある」として「問題意識の共有」を文書で申し入れ（2018年12月28日）
東京新聞記者の質問について	▶	菅氏 「取材じゃないと思いますよ。決め打ちですよ」（2月12日、衆院予算委）
「特定記者の質問をせかすことは記者の質問権と国民の知る権利を侵害しかねない」とする質問主意書に	▶	政府 「あくまで協力依頼で、指摘は当たらない」とする答弁書を閣議決定（2月15日）
東京新聞記者の「会見を一体何のための場だと思っているのか」の質問に	▶	菅氏 「あなたに答える必要はありません」（2月26日、記者会見）

菅義偉官房長官

『朝日新聞』2019年3月6日

マスメディアと政治

民主政治
世論（多くの人々の考え方）を反映
　→内閣や政党支持率などの世論調査
　⇓
マスメディア
新聞・テレビ・ラジオなど
　→大量の情報伝達（マスコミ）
　⇓
政治を監視する役割（第4の権力）　戦争
　→一方で政権に利用された経験
※マスメディアへの圧力とソーシャルメディアの可能性

31 国会の地位と種類

1. 国会の位置づけ

⊙少し復習しようね。国の権力には３つあったね。三権分立の三権にあたるものだよ。何権と何権と何権？ ⇒立法権、行政権、司法権

⊙立法権があるのはどこ？ 行政権は？ 司法権は？ ⇒国会、内閣、裁判所

⊙この時間から、国会、内閣、裁判所の仕事などについて、詳しく学んでいくことにしよう。まず国会についてだよ。現代の国家規模になると、古代ギリシャのような直接民主制は困難で、国民の代表者が議会で議論するやり方が一般的になったんだよね。このやり方を何というんだっけ？ ⇒間接民主制、議会制民主主義など

⊙だから国会の位置づけとしては、まず「国民の代表機関」ということが挙げられる。さらに憲法では、国会について第何条で定めているかな？ ⇒41条

⊙41条を読んでみよう。「国権の最高機関」で、「国の唯一の立法機関」ってあるね。つまり、行政権や司法権もあるけど、それらの権力よりも立法権の方が上位に位置づけられているってことだね。そして、法律をつくることは国会にしか許されていないってことだよ。

2. 二院制

⊙日本の場合、国会は二院制を採用していたね。この二院制について、表の中を埋めてみよう。

⊙衆議院と何院だった？ ⇒参議院

⊙戦前は参議院ではなくて何院だった？ ⇒貴族院

⊙衆議院の議員数は？ ⇒465人

⊙参議院と比べると、衆議院の議員数は約２倍だね。衆議院と参議院、それぞれ任期は？ ⇒４年、６年

⊙衆議院の任期が４年といっても、解散があるよね。一方の参議院は３年ごとに半数が改選される。つまり、242人（2019年から245人）のうち121人について３年ごとに選挙が実施されるんだ。衆議院と参議院、それぞれ被選挙権はどうかな？ ⇒25歳以上、30歳以上

3. 国会の種類

⊙国会の種類は、大きく分類して３つほどあるんだよ。１つは毎年１月に召集される国会だ。この国会を何というの？ 会期は？ ⇒通常国会、約150日間

⊙150日間ってことは、約５か月間だよね。１月中旬頃に召集されて、だいたい６月頃まで開会しているよ。１回だけ延長が認められていて、2015年の通

常国会は、政府が安保関連法の成立をめざしたため、9月27日までの245日間も開会された。

⊙内閣が必要と認めた時などに召集される国会は何というの？ ⇒臨時国会

⊙臨時国会は秋に開会することが定着しているよ。法律上、開会の義務がないので、通常国会が大幅に延長された2015年の場合は開会されなかったし、2017年の場合は召集の当日に冒頭で解散された。野党からは「国会で森友学園や加計学園の問題を追及されるから」と批判されたんだ。

⊙最後の1つが衆院選後に開会する特別国会だね。誰を指名するの？ ⇒内閣総理大臣

⊙臨時国会と特別国会の会期って何日間だと思う？ ⇒平均69日間

⊙通常国会は1992年以降で平均169日間なので、4割ほどの短期決戦だ。

	二院制	
	衆議院	①(　　　)院
議員数	②(　　　)人	242人
任　期	③(　　)年 ＊④(　　　) がある	⑤(　　)年 ＊3年ごとに 半数改選
被選挙権	⑥(　　)歳以上	⑦(　　)歳以上

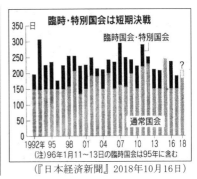

（『日本経済新聞』2018年10月16日）

国会の地位と種類

国会（立法権）
国会の位置づけ
・国民の代表機関
　→議会制民主主義（代議制）
・国権の最高機関
・国の唯一の立法機関
　　　⇓
　　種類
通常国会（1月から約150日間）
臨時国会
特別国会（衆院選後）

32 国会の仕事と衆議院

1. 国会の仕事

◎国会について学んでいるんだけど、国会ってどんな仕事をしているの？
　　⇒法律の制定、予算の議決、内閣総理大臣の指名、弾劾裁判など

◎まず法律の制定について確認していこう。国会は「国の唯一の立法機関」だったね。立法、つまり法律の制定は、国会の大きな仕事の1つだ。法律を制定するには、まず法律案を作成しなければならない。誰が作成するの？
　　⇒議員、内閣

◎議員が作成する法律案と内閣が作成する法律案、どちらが多いと思う？
　　⇒内閣

◎法律案の作成は圧倒的に内閣が多いんだ。議員は法のスペシャリストばかりではない。ただ「国民の代表機関」でもあるので、真に国民に必要な議員立法が求められているのも事実で、このあたりが課題だよ。衆議院もしくは参議院に提出された法律案は、その後審議される。生徒会と一緒で、それぞれ委員会で審議されるよ。やはり議員は様々な事案の専門家ではない。そこで専門家の意見を聞く会が開催される。この会を何というの？　⇒公聴会

◎公聴会での意見を参考に、委員会で可決されたものは本会議で審議される。本会議で可決されればもう1つの議院に送られ、同様の手続きで法律が成立する。

◎この他、予算の議決や内閣総理大臣の指名なども国会の重要な仕事だ。内閣総理大臣の指名は、国会が内閣と裁判所のどちらに対しておこなう仕事なの？　⇒内閣

◎内閣に対しておこなう仕事なので、黒板には対内閣って書いておくよ。これ、後でどういう意味かわかってくるからね。ところで、弾劾裁判も国会の重要な仕事だった。弾劾裁判って、どんな裁判なの？　⇒不適任だと思われる裁判官がいればやめさせるかどうかについての判断をする裁判

◎裁判官として不適任って、どういうことかな。例えばこの裁判官、電車内で女性を盗撮していた。法を司り、人を裁く裁判官が、法を犯したらダメだよね。こうした裁判官を国会内に設置した弾劾裁判所で罷免することができる。これが弾劾裁判だ。1947年の制度開始以来、罷免されたのは7人目だ。この弾劾裁判、対何？　⇒対裁判所

2. 衆議院の優越

◎ところで、日本の国会は二院制を採用していることから、衆議院と参議院の議決が異なることがあるよね。衆参両院で与野党が逆転する「ねじれ」が生

じた場合、例えば指名される内閣総理大臣が異なるケースがある。2008年9月、衆議院は自由民主党の麻生太郎さんを、参議院は民主党の小沢一郎さんをそれぞれ内閣総理大臣に指名した。この場合、どうなるの？ ⇒麻生太郎さんが内閣総理大臣に指名

◉この場合、その後両院協議会が開催され、両院の代表が話し合うが、その場でも意見は一致しない。そこで衆議院の議決を国会の議決とするように決められている。これを何というの？ ⇒衆議院の優越

◉衆議院の優越は、他にどんな場面で認められているの？ ⇒法律案の議決、予算の先議など

◉例えば法律案については、再び衆議院が出席議員の3分の2以上の賛成で可決した時、法律が成立することになっている。なぜ衆議院の優越が認められているの？ ⇒衆議院は任期が短くて解散もあるため国民の意思が反映されやすいから

◉政党政治について学んだ時に「衆議院で過半数の議席を獲得することが重要だよ」って言ったけど、国民の意思が反映されやすいから衆議院の優越が認められているんだ。

《読売新聞』2013年4月11日

盗撮判事補に罷免判決
弾劾裁判所「あるまじき行為」

50万円の略式命令を受けた大阪地裁の事井徳判事補（45）に対し、国会の裁判官弾劾裁判所（裁判長・綿貫民輔元衆院議長）は10日、罷免を言い渡した。弾劾裁判による罷免は戦後7人目。

電車内で女性を盗撮したとして、大阪府迷惑防止条例違反罪に問われ、略式命令を受けた事井徳判事補。「官僚としての弁明」をしたとして、「人を裏切った許されざる行為だった」として、弾劾裁判所の罷免事由に当たると判断した。

《読売新聞』2008年12月25日

戦後罷免された裁判官

時期	被訴追者	事件の概要
1956年	帯広簡裁判事	署名押印した白紙の逮捕状を職員に預け、勝手に交付させるなどした
57年	厚木簡裁判事	担当した調停事件の当事者から酒食の接待を受け、発覚しそうになると隠ぺいしようとした
77年	京都地裁判事補	ロッキード事件を巡り、何かが検事総長を名乗って首相宛にかけた偽電話の録音テープを、新聞記者に聞かせた
81年	東京地裁判事補	担当する破産事件で、破産管財人の弁護士からゴルフセットや背広を受け取った
2001年	東京高裁判事	3人の少女（当時14〜16歳）に現金を渡し、ホテルなどでわいせつな行為をした
08年	下山芳晴宇都宮地裁判事	恋愛感情を満たすため、元メール交際の女性職員に卑わいなメールなどを16回送り、ストーカー行為をした

国会の仕事と衆議院

国会の仕事
・法律の制定
　→ 法律案は内閣や議員が作成
　※ 委員会、公聴会、本会議で審議
・予算の議決
・内閣総理大臣の指名（対 内閣）
・弾劾裁判（対 裁判所）

基本に内閣がつくる。

⇓

衆議院の優越
衆議院の議決が参議院より優先
→ 任期が短く、解散もあり、民意が
　反映されやすい

33 内閣の仕事と衆議院

1．内閣の仕事

◎政治について学んでいるけど、この時間から内閣についてだよ。内閣って何権だった？ ⇒行政権

◎内閣はどんな人たちで構成されているの？ ⇒内閣総理大臣と国務大臣

◎内閣総理大臣のことを、首相とも言うよね。国務大臣って、中央省庁のトップの役職のことだよ。国の役所を省とか、庁って言うよ。何省を知ってるの？ ⇒外務省、文部科学省、防衛省など

◎内閣って何人で構成されていると思う？ ⇒20人

◎１府11省２庁の他、ITや女性活躍、五輪などの担当大臣を含めて、現在20人で構成されている。内閣って、やはり国会議員でないと入閣できないかな？ ⇒入閣できる

◎国務大臣の過半数は国会議員でないといけないという規定があるだけなので、民間からの入閣も可能だよ。現在の第４次安倍改造内閣、どんなことに気づくかな？ ⇒女性が１人だけ

◎「女性活躍」を謳い、2014年９月に発足した第２次安倍改造内閣では過去最多と並ぶ５人の女性が入閣したけど、その後減り続け、現在１人だけになってしまったよ。ちなみにスペインは閣僚17人のうち、女性は何人いると思う？ ⇒11人

＊組閣翌日の新聞記事には内閣の一覧が顔写真付きで掲載されることが多いので、資料として提示してもよい。

◎内閣って、どんな仕事をしているのかな？ ⇒法律や予算に基づいて行政

◎国会で議決された法律や予算に基づいて、実際に国の仕事をおこなっている。つまり、行政だ。内閣は重要な方針などについて話し合い、全会一致で意思決定を行う会議を開催しているんだ。この会議のことを何ていうの？ ⇒閣議

◎国会が内閣総理大臣を指名するように、内閣も誰かを指名するよ。誰？ ⇒最高裁判所長官

◎最高裁判所の長官を指名するってことは、対何？ ⇒対裁判所

2．議院内閣制

◎これまで学んできたように、衆議院で与党になった政党のトップが内閣総理大臣に指名されるので、めったにあることではないけど、仮に内閣の仕事に信頼できなければ、衆議院は何かを提出することが認められているよ。何を

提出できるの？ ⇒内閣不信任案
⊙内閣不信任案って、対何？ ⇒対内閣
⊙衆議院で内閣不信任案が可決されると、内閣はその後どう対応するの？
⇒総辞職するか衆議院を解散する
⊙内閣は総辞職するか、もしくは10日以内に衆議院を解散することになります。衆議院の解散って、対何？ ⇒国会
⊙日本の政治システムは、国民の意思を代表する国会の信任に基づいて内閣が組織され、内閣が国会に対して責任を負うしくみになっているね。このしくみを何というの？ ⇒議院内閣制
⊙日本では、国会と内閣が持ちつ持たれつで、関係が深い。こういう政治システムを議院内閣制っていうよ。ではアメリカはどうかな。アメリカで行政を担うのはあの人だよ。誰？ ⇒大統領
⊙アメリカは大統領制だ。議院内閣制と大きく違うのは、大統領が選挙によって国民から直接選ばれるという点だよ。そういう意味でも、大統領は独立性が強いんだ。

第２次安倍内閣以降の女性閣僚（発足時）

	発足日	女性閣僚数	
第２次安倍	2012年12月	2人	森　雅子、稲田　朋美
第２次安倍改造	14年９月	5人	高市　早苗、松島みどり、小渕　優子、山谷えり子、有村　治子
第３次安倍	12月	4人	高市　早苗、上川　陽子、山谷えり子、有村　治子
第３次安倍改造	15年10月	3人	高市　早苗、丸川　珠代、島尻安伊子
第３次安倍再改造	16年８月	3人	高市　早苗、稲田　朋美、丸川　珠代
第３次安倍３次改造	17年８月	2人	野田　聖子、上川　陽子
第４次安倍	11月	2人	野田　聖子、上川　陽子
第４次安倍改造	18年10月	1人	片山さつき

（『山陰中央新報』2018年10月４日）

スペイン閣僚 17人中11人女性

割合は史上最多　ＥＵ重視も鮮明に

スペインのサンチェス首相は6日、新内閣の閣僚を発表した。17人の閣僚のうち女性が11人を占め、ＡＦＰ通信によると、スペイン史上、最も女性の割合が多い内閣になった。サンチェス氏は財政相や経済相、国防相などの要職に女性を起用。ＢＢＣなどによると、女性閣僚の割合は欧州で最多になった。一方で、欧州連合（ＥＵ）重視の姿勢も鮮明にした。外相に元欧州議会議長のジョゼップ・ボレル氏を起用したほか、経済相にはＥＵの予算担当部門の高官だったナディア・カルビーニョ氏を充て、ＥＵが求める財政規律に配慮する姿勢を見せた。（疋田多揚）

（『朝日新聞』2018年６月８日）

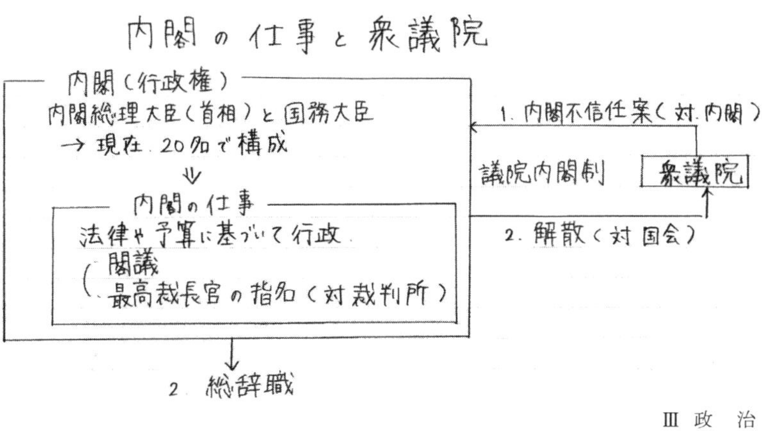
内閣の仕事と衆議院
内閣（行政権）
内閣総理大臣（首相）と国務大臣
→現在 20名で構成
内閣の仕事
法律や予算に基づいて行政
閣議
最高裁長官の指名（対裁判所）
1. 内閣不信任案（対内閣）
議院内閣制
衆議院
2. 解散（対国会）
2. 総辞職

34 現代の行政

1. 行政の拡大

⊙内閣について学んでいるけど、この時間も行政についてだよ。例えば、日本国憲法が公布された1946年当時にはなかったけど、2019年の現在にあるものってどんなものがあるの？ ⇒テレビ、スマホ、インターネット、高速道路、新幹線、日米安全保障条約など

⊙テレビを例にすると、電波のことなど、これらの多くは行政との関わりが深い。1946年と比較にならないくらい、2019年の現在は行政が担う仕事量が増大し、しかも複雑になっているんだ。そうなると行政に携わる人も増えることになる。一般的に行政で働く人のことを何というの？ ⇒公務員

⊙公務員の数や行政にかかる費用も増えてくれば、財政も悪化する。税金なども高くなり、国民の負担も大きくなってきたのが、現代の行政の課題の1つだよ。

2. 行政改革

⊙そこで大きくなりすぎた行政の仕事を整理し、縮小しようとしているんだ。この動きのことを何というの？ ⇒行政改革

⊙1980年代、それまで国の仕事として公社がおこなっていた仕事を民営化した。1985年、それまでたばこと塩を専売していた日本専売公社を民営化した。これが現在の何？ ⇒JT

⊙同じく1985年、日本電信電話公社が民営化されたよ。これが現在の何？ ⇒NTT

⊙1987年には日本国有鉄道、いわゆる国鉄が分割民営化された。これが現在の何？ ⇒JR

⊙最近では2007年、郵政民営化が実現したよね。こうした民営化で、何が削減されるの？ ⇒公務員

⊙一方で、私たちのくらしの安全性を守るため、行政による規制がかけられているんだけど、規制が多すぎると自由な経済活動ができなくなったり、ものの価格が高くなったりすることがある。行政改革の一環として、近年行政によるこうした許認可権を見直す動きも強まっているんだけど、これを何というの？ ⇒規制緩和

⊙規制緩和としてどんな例があるの？ ⇒セルフ方式のガソリンスタンド、コンビニでの医薬品販売など

⊙みんなの家でもセルフ方式のガソリンスタンドって、よく利用するんじゃないかな。ガソリンの価格も安くて、家計にうれしいよね。ただ、規制緩和はうれしいことばかりではないんだよ。2002年、道路運送法の改定により、区

域ごとにタクシーの台数制限があったのが撤廃された。このタクシーの規制緩和で、新規参入や増車が容易になった。しかしその結果、全国最高の増車率となった仙台市では、極端な収入減や労働環境の悪化、事故の増加につながったことが報告されているよ。

3.「小さな政府」と「大きな政府」

⊙ところで、みんなは幸せかな。ここに国際連合の関連団体が公表した「幸福度」ランキングがあるんだけど、日本は、世界の156か国・地域のうち、第何位だと思う? ⇒58位

⊙日本は58位で過去最低だった。上位はフィンランド、デンマーク、ノルウェーの北欧3か国が昨年に続いて独占した。何が違うのかな。上位の常連となっているデンマークと比較してみよう。特徴的なのは、税と社会保障費の国民負担率だ。デンマークは71.7%と高い税負担だ。しかし、医療費、出産費教育費などが無料だ。こういう高負担・高福祉を「大きな政府」と言うんだ。一方の日本は、低負担・低福祉の「小さな政府」へと舵を切っている。「大きな政府」と「小さな政府」、どっちがいいかな。

●日本とデンマークの比較	日 本	デンマーク
GDP（2009年）	4兆1395億ドル	2035億ドル
1人当たりGDP（09年）	3万2511ドル	3万6869ドル
税と社会保障費の国民負担率	39.0%	71.7%
人口（10年10月）	1億2738万人	555万人
出生率（08年）	1.37	1.89
65歳以上の高齢者の割合（10年）	23.1%	16.8%
15〜64歳の女性の就業率（09年）	59.8%	73.1%
失業率（09年）	5.1%	6.0%
人口10万人当たりの自殺者数（06年）	19.1人	9.9人

※経済協力開発機構（OECD）の統計などから作成。一部、推計や見込しを含む。
国民負担率は日本が10年度予算ベース、デンマークは07年の実績値

（『山陰中央新報』2011年1月1日）

「幸福度」日本は世界58位 過去最低

国連の関連団体は20日、世界の156カ国・地域を対象にした今年の幸せランキング「世界幸福度報告」を公表した。日本は58位で過去最低となった。昨年より四つ順位を下げており、4年連続となる50位台だった。

この報告は2012年から14年を除いて毎年公表されており、今回が7回目。1〜3位は昨年に続いて、フィンランド、デンマーク、ノルウェー

の北欧3カ国が独占した。欧州諸国がトップ10の大部分を占め、米国は19位、韓国は54位、中国は93位だった。

各国・地域の各3千人程度が16〜18年に、生活の満足度を「0〜10」で点数化。その数値で順位をつけ、国連の関連団体が1人当たりの国内総生産（GDP）や健康寿命など6項目について分析した。

日本は健康寿命で2位、1

人当たりGDPで24位となったものの、人生の選択の自由度（64位）、寛容さ（92位）が足を引っ張った。

報告の編集者のジョン・ヘリウェル氏によると、東南アジア諸国では、幸福度を中央値付近の「5」と答える割合が続く、「日本の点数が低いことはある程度、回答スタイルによるものとみられる」という。

（藤原学思）

■「幸福度」ランキング	
順位	国・地域
1	フィンランド
2	デンマーク
3	ノルウェー
4	アイスランド
5	オランダ
19	米国
25	台湾
54	韓国
58	日本
68	ロシア
76	香港
93	中国
95	ブータン
156	南スーダン

（『朝日新聞』2019年3月21日）

現代の行政
　行政の拡大
　　行政が担う仕事量の増大
　　　→費用が大きくなるため財政悪化
　　　　　↓
　　　行政改革
　　公社などの民営化（国鉄からJRへ）
　　　→公務員の削減
　　　　　↓
　　　規制緩和
　　　→行政の許認可権見直し
　　　※日本は「小さな政府」へ

たばこ
鉄道
電話

35 民事裁判

1. 裁判の種類

⊙この時間から、いよいよ裁判所について学んでいくことにするよ。裁判って、大きく３つに分類されるんだよ。何裁判と何裁判と何裁判？ ⇒行政裁判、民事裁判、刑事裁判

⊙行政裁判ってのは、行政機関の行為によって私たちに被害が及んだり、権利が侵されたりした時に、行政機関を相手に責任を追及する裁判のことだよ。例えば、在日アメリカ軍の基地周辺の住民が夜間や早朝の飛行差し止めを求めたり、騒音被害の賠償を求めたりする裁判がこれにあたるね。

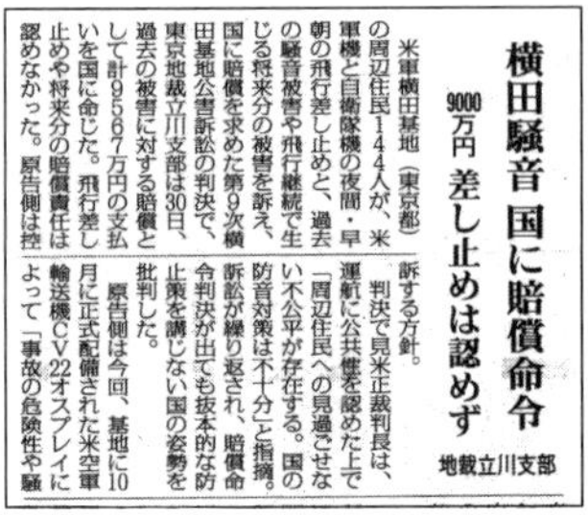

横田騒音 国に賠償命令
9000万円 差し止めは認めず
地裁立川支部

米軍横田基地（東京都）の周辺住民144人が、米軍機と自衛隊機の夜間・早朝の飛行差し止めと、過去の騒音被害や飛行継続で生じる将来分の被害を訴え、国に賠償を求めた第9次横田基地公害訴訟の判決で、東京地裁立川支部は30日、過去の被害に対する賠償として計9567万円の支払いを国に命じた。飛行差し止めや将来分の賠償責任は認めなかった。原告側は控訴する方針。

判決で見米正裁判長は、運航に公共性を認めた上で「周辺住民への見過ごせない不公平が存在する。国の防音対策は不十分」と指摘。訴訟が繰り返され、賠償命令判決が出ても抜本的な防止策を講じない国の姿勢を批判した。

原告側は今回、基地に10月に正式配備された米空軍輸送機CV22オスプレイによって「事故の危険性や騒

（『山陰中央新報』2018年12月１日）

2. 民事裁判

⊙私たちは日常生活を送っていると、お金の貸し借りや土地の売買など、個人と個人の間で私的なトラブルが生じることがあるよね。そんな時、どちらか一方が相手方を訴えることではじまる裁判があるんだ。この裁判を何というの？ ⇒民事裁判

⊙この時間は民事裁判について学んでいくんだけど、即席麺を例に考えていくことにするよ。まずは「日清がサンヨー食品提訴」という見出しの新聞記事を読んでみよう。

日清がサンヨー食品提訴
ストレート麺の特許侵害訴え

日清食品ホールディングス（大阪市淀川区）は3日、即席麺の製造法に関する特許を侵害されたとして、「サッポロ一番」で知られるサンヨー食品（東京都港区）と、同社グループの太平食品工業（前橋市）を相手取り、特許侵害の差し止めと2億6652万円の損害賠償を求める訴えを大阪地裁に起こしたと発表した。

日清食品によると、同社は麺同士がきれいにほぐれ、食べる際に真っすぐになる即席麺を大量生産できる「ストレート麺製法」に関する特許を2009年に取得し、「日清のどん兵衛」などの製造に活用してきた。だが、サンヨー食品が「サッポロ一番」の一部製品を作る際に形成される麺の形状が、日清食品の製法でできる麺の形に似ており、特許権を侵害されたと主張している。

サンヨー食品は「訴状が届いていないので、コメントできない」としている。

（『読売新聞』2012年12月４日）

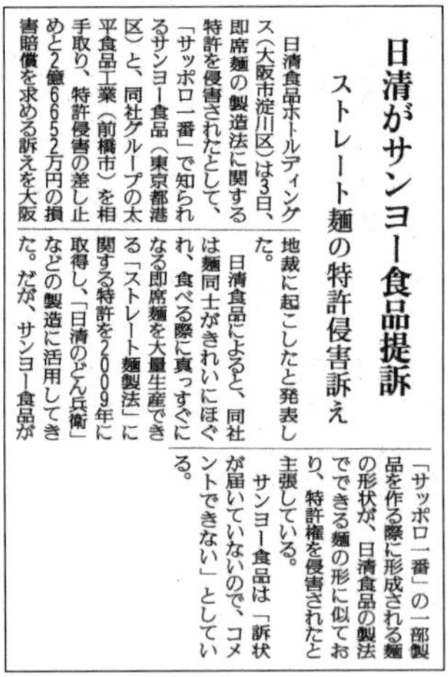

⊙読んでみると、私的なトラブルになっていることがわかるよね。裁判に訴えたのは誰？ 訴える人のことを何というの？ ⇒日清食品、原告

⊙原告の日清食品は、どんな主張をしているの？ ⇒ストレート麺製法で特許を取得

⊙即席麺は、製造過程で麺を油で揚げることも多く、その製造効率からどうしても麺にウェーブがついてしまう。そばやうどんなど、本来まっすぐであるべき麺にも、これまでウェーブがついてしまっていたんだ。しかし、ストレート麺製法を開発することで、湯で戻した時に麺同士がきれいにほぐれ、滑らかな麺の「のどごし感」が味わえる革新的な製造技術だと主張しているんだ。

⊙一方、訴えられたのは誰？ 訴えられる人のことを何というの？ ⇒サンヨー食品、被告

⊙日清食品は、被告のサンヨー食品に対し、どんな主張をしているの？ ⇒一部の麺が日清食品の麺と似ている

⊙日清食品は何を求めているの？ ⇒特許侵害の差し止めと2億6,652万円の損害賠償

⊙こうしてはじまった民事裁判なんだけど、何という裁判所ではじまったの？ ⇒大阪地裁

⊙地裁っていうのは、地方裁判所の略称だね。ただ、日清食品もサンヨー食品も裁判の専門家ではないよね。そこで実際には裁判の専門家である訴訟代理人の力を借りることになる。訴訟代理人って、あの資格を持っている人だよ。何という資格？ ⇒弁護士

⊙この民事裁判での判決は、どういう内容になるのかわかるかな？ ⇒特許権が認められるかどうかや損害賠償の義務があるかどうか

⊙つまり民事裁判の判決は、権利や義務の有無になるんだ。では、もし判決に不服だった場合、どうしたらいいの？ ⇒さらに上級の裁判所に訴える

⊙地方裁判所の判決に不服だった場合、何という裁判所に訴えるの？ 訴えることを何というの？ ⇒高等裁判所、控訴

⊙さらに高等裁判所の判決に不服だった場合、何という裁判所に訴えるの？ 訴えることを何というの？ ⇒最高裁判所、上告

⊙こうして審議を慎重にするため、3回ほど裁判できるんだよね。これを何というの？ ⇒三審制

⊙結局この裁判、どうなったと思う？ ⇒日清食品の訴えの一部をサンヨー食品が受け入れて和解が成立

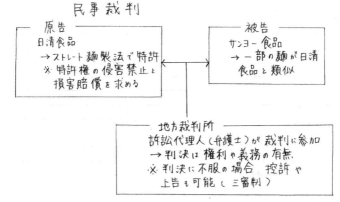

36 刑事裁判

1．事件の発生

◎前の時間は民事裁判を中心に学んだので、この時間は刑事裁判について学んでいこう。刑事裁判がおこなわれるためには、まず何かが起きなければならない。何が起きるの？ ⇒事件（犯罪）

◎事件（犯罪）が発生すると、あの組織が動くよね。何という組織？ ⇒警察

◎警察は捜査し、その罪を犯した疑いがある人物を逮捕する。罪を犯した疑いのある人物のことを何というの？ ⇒被疑者

◎テレビなどでは容疑者っていう言葉を使っているけど、正しくは被疑者だ。ただし、警察といえども、簡単には被疑者の家の中を捜索したり、被疑者を逮捕したりできないよ。何かが必要なんだけど、それは何？ ⇒捜索令状や逮捕令状

◎例えば逮捕令状がなければ逮捕できないって、自由権の中のあの自由と密接に関係があるよね。何の自由？ ⇒生命・身体の自由

◎ただし、現行犯の場合は話が別だよ。今まさに犯行に及んでいるのに、「逮捕令状がなければ逮捕できない」なんて言ってられない。その場合は、後ほど逮捕令状を準備すれば大丈夫だ。

◎警察官の取り調べによって犯罪の疑いが固まると、被疑者の身柄はどこに送られるの？ ⇒検察官

◎検察官も取り調べた結果、裁判所に訴えを起こして刑事裁判がはじまるわけだ。検察官が裁判所に訴えを起こすことを何というの？ ⇒起訴

2．刑事裁判

◎被疑者は起訴されると、被疑者とは言われなくなって、別の呼び名で呼ばれるようになる。被疑者から何に変わるの？ ⇒被告人

◎裁判所では被告人の犯罪について審議がおこなわれるんだ。民事裁判の場合は、判決は何の有無だった？ ⇒権利や義務

◎刑事裁判における判決は、何の有無について出されるの？ ⇒罪

◎有罪か無罪かの判決が出されるんだよね。そして有罪の場合は、さらに何かも言い渡されるんだけどわかる？ ⇒刑罰

3．裁判員制度

◎ところで、2009年度から司法制度改革の一環として、新たな制度ができたんだけど、この制度のこと知ってる？ ⇒裁判員制度

◎裁判員制度なんだけど、選挙人名簿から無作為に選ばれた裁判員が、プロの

裁判官と一緒に評議し、判決を言い渡すというものだよ。この制度の対象となる事件は、殺人や強盗傷害などの凶悪犯罪で、刑事事件の一審を担当することになるんだ。初公判の当日に裁判官らとの面接を経て、その後6人に絞られる。公判中、証人などに質問できるほか、公判後の評議では裁判官と同じ1票を持っている。判決を言い渡すと職務は終わるんだけど、守秘義務があって、評議における意見の内容や評議の経過、事件関係者のことなどについて話すことはご法度なんだよ。

＊裁判員制度については、法務省が企画・制作し、各校に配布されたDVD『裁判員制度－もしもあなたが選ばれたら－』を視聴させてもよい。

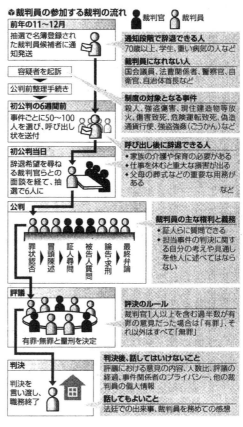

(『読売新聞』2009年5月21日)

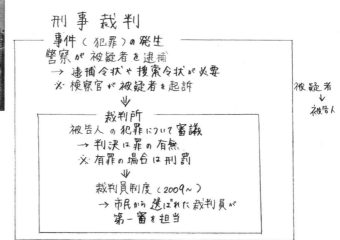

37 えん罪と死刑制度

1.近年のえん罪事件

◎刑事裁判について学んでいるけど、もう少し詳しく学んでいくことにしよう。以前、名張毒ぶどう酒事件について学んだこと覚えているかな。無実にもかかわらず、警察や検察から被疑者として疑われ、罪に問われることを何というの？ ⇒えん罪

◎近年、こうしたえん罪が相次いでいる。2002年、富山県氷見市で起きた事件を例に考えてみよう。事件の概略はこんな感じだよ。読んでみるね。

> 【氷見事件】 2002年、富山県氷見市で発生した女性に対する暴行と同未遂の２つの事件について、警察は当時40歳だった柳原 浩さんを逮捕する。柳原さんは、当初容疑を否認したものの、３日目の事情聴取でウソの自白を強要させられてしまい、懲役３年の実刑判決を受ける。２年１か月服役した2005年１月、刑務所を仮出所するが、その後事件は急展開する。翌2006年、別の事件で逮捕された人物が、氷見市での２つの事件についても自供し、柳原さんに対する誤認逮捕が発覚する。服役後に無実が判明したえん罪事件として大きく報道された。

◎この氷見事件、2007年に柳原さんの再審無罪が確定したんだ。2003年に起きた鹿児島県議選をめぐる公職選挙法違反のいわゆる志布志事件で、12人全員の無罪判決が出されたのも同じ2007年だ。どうしてこんなえん罪が起こるのかな？ ⇒きちんと捜査しない、自白を強要されるなど

◎こうしたえん罪には、「警察が描いた筋書きの通りに犯人をでっちあげていく取り調べのあり方に共通点を見出すことができる」という指摘がある。柳原さんの場合も、簡単にアリバイが証明できたにもかかわらず、それを黙殺した警察の姿勢を問う声がある。

2．死刑制度

◎ところで、刑事裁判の中で有罪の場合に言い渡される刑罰だけど、どんなものがあるか知っているかな。懲役って聞いたことあるかもしれないね。日本の刑罰の中で最高刑は死刑だよ。ちなみに日本には、死ぬまで刑事施設で拘置される終身刑はありません。これからしばらく日本の最高刑である死刑について考えてみたいんだけど、死刑ってどうやって執行されるの？ ⇒絞首

◎拘置所内で執行されるんだけど、刑場を含めた死刑についての情報は、これまであまり公開されてこなかったんだ。しかし2010年８月、法務省は東京拘置所内の刑場を報道機関にはじめて公開し、私たちも知ることができた。日本のように死刑があることを「存置」と言うんだけど、世界の国々は死刑を

存置している国と廃止している国、どちらが多いと思う？ ⇒廃止している
国

⊙停止を含めると、2017年現在、198か国・
地域のうち、142か国が廃止している。OE
CD加盟国で実質的に存置しているのはア
メリカと日本くらいだ。そのアメリカも
州によっては廃止しているよ。ヨーロッ
パではEU加盟条件の１つに、死刑を廃止
していることがある。死刑廃止は世界の
潮流なんだ。一方、日本はどうかという

	死刑存置国	死刑廃止国
1980年	128か国	37か国
1990年	96か国	80か国
2005年	75か国	121か国
2007年	64か国	133か国
2017年	56か国	142か国

（アムネスティ・インターナショナルによる）

と、内閣府が2015年に発表した世論調査では、死刑について80.3％の人たち
が容認しているんだ。みんなは日本にこのまま死刑を存置することに賛成か
な、反対かな。

＊死刑の存廃について、生徒たちにその理由も含めて考えさせたい。付箋紙に
自分の考えをまとめさせてもよい。

（『朝日新聞』2016年11月16日）

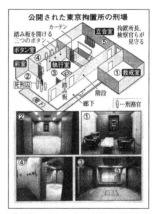

（『山陰中央新報』2010年８月28日）

死刑、142カ国が廃止・停止 維持、多くはアジア・中東

海外では死刑制度を見直す国が増えている。国際人権団体アムネスティ・インターナショナル日本によると、2017年末現在では198カ国・地域のうち142カ国が廃止・停止し、経済協力開発機構（OECD）の加盟35カ国で制度が残るのは米国と日本、韓国の3カ国のみ。このうち韓国は1997年を最後に執行しておらず、実際に執行しているのは米国と日本だけ。「停止国」に数えられている韓国は、執行数を米国やNPO「死刑情報センター」によると、米国では半数近い州が死刑を廃止し、執行が一時8州に減少。17年の計98人をピークに減少傾向にあり、17年は23人。英国は執行後、69年に廃止を受けて、麻酔作用のある大手製薬会社が製剤が執行に使われないよう流通を規制する動きも影響している。

制度廃止の主な理由は、冤罪だった場合に取り返しがつかないことと、「いかなる場合も殺人を肯定しない」という考え方。英国は執行後に真犯人が現れた事件を受けて、69年に廃止した。欧州連合（EU）は「生命の尊重」という基本理念から、廃止を加盟条件の一つとしている。制度が殺人など凶悪犯罪の抑止につながっているという実証はないことも、廃止を後押しする要因の一つだ。アムネスティによると、廃止した国で「凶悪犯罪が増えた」という報告はない。

一方、制度を維持する国はアジアや中東に多い。アムネスティによると執行が昨年多かったのは中国、イラン、サウジアラビア、イラク、パキスタンの順とみられる。中国は死刑に関する情報がほとんど公開されておらず、実態が不明という。（阿部峻介）

《『朝日新聞』2018年7月27日）

38 死刑廃止の主張

1. 生徒が考える死刑の存廃

⊙前の時間に死刑の存廃について考えをまとめてくれたけど、それぞれ確認するね。

＊生徒たちの考えは、概ね以下のようなキーワードにまとめることができるので、黒板にキーワードを貼りつけながら、キーワードごとに該当する生徒の発表を促してもよい。なお「終身刑の設置」については、存廃の両方から意見が出てくることがある。異同を確認しながら、学級全体でシェアしたい。

【存置】	
・凶悪な犯罪	・再犯の危険
・犯罪の抑止	・遺族の感情
・経済的負担	・終身刑の設置

【廃止】	
・国家が殺人	・残虐な刑罰
・世界は廃止	・えん罪の危険
・長期の償い	・終身刑の設置

2. 死刑廃止の主張

⊙みんなもいろいろな考えを出してくれたけど、現実の社会の中にはどんな考えがあるのかな。この時間は、廃止を主張する人たちの考えを確認していくよ。まずは国際的な人権擁護団体で、アムネスティ・インターナショナルがある。その活動が認められて、1977年にはノーベル平和賞を受賞しているよ。このアムネスティ・インターナショナル、死刑が生きる権利を侵害する刑罰であることから、存置する国に対して、強く廃止を訴えているんだ。存置を主張する人たちの考えの中に「犯罪の抑止」というのがあったけど、これについてアムネスティ・インターナショナルの見解があるので、読んでみよう。

> Q. 死刑がなくなると、凶悪犯罪が増えるのではないでしょうか？
>
> 　「死刑をなくすと凶悪な犯罪が増えるのでは」と考えている人は、数多くいます。死刑廃止に反対する多くの人も、その理由の1つに、死刑のもつ犯罪抑止効果をあげています。このような意見に対して、次の2つの疑問点が考えられます。1つは死刑がほかの刑罰に比べてより強い犯罪抑止効果をもつのかという点、もう1つは、たとえそうだとしても、それを理由に「人を殺すこと」を正当化できるのかどうかという点です。
>
> 　死刑の犯罪抑止効果が終身刑や懲役刑と変わらないのであれば、死刑を行う理由はどこにもありません。この点に関して死刑を支持するある刑法学者は「人間が最も大きな執着を持つところの生命を奪おうとする刑罰の存在が、犯罪に対し

て大きな抑止力を持つのが当然であるといわなければならない」（植松正『刑法総論』）と述べています。

　しかしこの論点は、具体的な事実や統計にもとづいて客観的に議論されるべき問題です。日本に比べ犯罪発生件数のはるかに多いアメリカ合衆国では、古くから死刑の犯罪抑止効果を統計的に裏づけようという試みがなされており、数多くの研究結果が報告されています。なかには「１年に１件の処刑があれば、平均７〜８件の殺人が減少する」としたものもありますが、一方で死刑の執行が逆に殺人事件を誘発していることを示したものもあり、はっきりとした結論は出ていません。

　国連における死刑存廃論議でも死刑の犯罪抑止効果は焦点の１つになっています。1989年に発表された国連の報告書ではこの点に関して、「（死刑の抑止効果を立証しようとする）これらの研究は、処刑が終身刑よりおおきな抑止力があるということを科学的に証明できなかった。このような立証は今後も行われそうにない」との結論を出しています。

　このように、死刑がほかの刑罰に比べてより大きな犯罪抑止効果をもつかどうかは、現時点では確認されていないのです。（アムネスティ・インターナショナル日本支部『知っていますか？ 死刑と人権一問一答』解放出版社）

⊙死刑を存置しても「犯罪抑止効果はない」と主張しているね。廃止を主張する団体について、もう１つ紹介しておくね。超党派の国会議員で結成された「死刑廃止を推進する議員連盟」だ。この議員連盟の会長を長く務めたのが亀井静香さんだよ。亀井さんは、もともとは警察官僚だったんだけど、この時の経験から死刑廃止を訴えているんだよ。死刑という刑罰は、「国家による殺人以外の何物でもない」と主張している他、警察官僚として捜査指揮を執る中で誤認逮捕をしかけた経験から、「えん罪の危険性を明確に否定できない」と語っている。えん罪で死刑を執行してしまったら、取り返しがつかないよね。かつて松山事件というのがあったので、紹介するね。

【松山事件】　1955年、宮城県松山町（現大崎市）で一家４人が殺害されるという放火殺人事件が起きた。逮捕されたのは、当時24歳だった斎藤幸夫さんだ。

　1960年、斎藤さんは死刑が確定するが、その後再審がおこなわれ、1984年に無罪判決が言い渡される。20年以上もの間、死刑囚として拘置されていた斎藤さんは、「死刑台からの生還」を果たす。

　無実にもかかわらず、死刑が執行されていたとしたら、取り返しがつかない。亀井さんが指摘しているのは、この点だ。しかし、これで解決というわけではない。一例を挙げると、斎藤さんは長期間死刑囚として過ごしたため、年金への加入が認められず、晩年は生活保護を受給する生活で、2006年にこの世を去った。

＊2017年、亀井さんが政界を引退したため、「死刑廃止を推進する議員連盟」の活動は滞り、新たに存置を主張する人たちを加えて「日本の死刑制度の今後を考える議員の会」が結成されている。

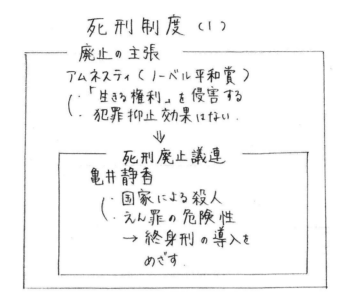

死刑制度 （ １ ）
廃止の主張
アムネスティ（ノーベル平和賞）
（・「生きる権利」を侵害する
・犯罪抑止効果はない

死刑廃止議連
亀井静香
（・国家による殺人
・えん罪の危険性
→ 終身刑の導入を
めざす

39 死刑存置の主張

1. 死刑存置の主張

⊙前の時間は、死刑廃止の主張について紹介したけど、この時間は存置の主張について確認していくよ。まずは犯罪被害者の視点で考えてみたい。全国犯罪被害者の会（あすの会）という組織がある。岡村 勲（いさお）さんという弁護士さんが中心になって立ち上げた組織だよ。岡村さんは、自身が関わっていた紛争の処理中に、逆恨みされた人物から妻を刺殺されてしまったんだ。あすの会の活動がきっかけとなって、2008年から刑事裁判への被害者参加制度がスタートしたよ。あすの会の主張を、いくつか紹介するね。犯罪被害者は、事件（犯罪）の一次被害だけではなく、報道被害や社会の偏見などといった二次被害にも悩まされるんだよ。経済的な側面からも考えてみたい。少し古いんだけど、2002年度のデータによると、国選弁護人費用や食費、医療費などで、約466億円の国費が支出されているということだよ。さらに刑務所における人件費や施設費などを加えると、2,000億円を超える金額が加害者に対して支出されているんだ。一方、被害者に対しては、一部の障がい者や遺族に給付金が支給されるけど、その金額は約11億円にしかならないんだって。

＊2018年6月、あすの会は「役割を果たした」として、18年あまりの活動を終えて解散した。犯罪被害者のすべてが、死刑存置を主張しているわけではないことも伝えたい。

2. 光市母子殺害事件

⊙ところで、あすの会に設立当初から関わり、この会で幹事を務めた本村洋（もとむらひろし）さんという方がいます。1999年4月、本村さんは山口県光市（ひかりし）で起きた母子殺害事件で、最愛の妻と娘を一度に失ったんだ。加害者は18歳になったばかりの元少年だよ。この事件では、殺人罪や強姦致死罪などに問われた元少年に対して、死刑を適用できるかどうかが焦点の1つになったんだ。本村さんの主張を読んでみよう。

【本村洋さんの主張】
　遺族の正直な気持ちを、このようなメディアの場で言っていいのかというと、私も疑問は残るのですが、本来であれば私は自分の手で加害者を殺して、かたきをとってあげたいです。正直にそう思います。ただこの国は法治国家であり、司法があります。もともと被害者と加害者がそれぞれ復讐しあえば、応報合戦になって終わりません。だからその間に司法が入ってきました。それはいいことだと思います。

しかし、被害者から復讐する手段をとった以上は、被害者のことも考えて司法
は応報的な刑罰もあってしかるべきだと思いますし、そもそも刑罰というものは
私は応報であると考えています。だから第一審の弁論で弁護側の方が「裁判は復
讐の場ではない」と言ったことは、大変遺憾に思います。
　　犯罪被害者遺族は、事件が起きると、仕事を休んで毎日警察に行って、事情聴
取に応じるわけです。それは裁判で「かたきをとってもらいたい」と思うからで
す。一生懸命、たいへん答えにくい調書であっても答えます。裁判にも一生懸命
行きます。それは裁判に行かないと、事件の真相を教えてもらえないからです。
裁判に行けば被告がいます。それを荒唐無稽なことを言って弁護する弁護人もい
ます。それを聞いても、被害者遺族は意見を言うことができません。じっと法廷
で聞いて、ガマンします。それは必ず最後には、「司法が復讐をしてくれる」と
信じているからです。

（TBS『みのもんたの朝ズバッ！』2006年4月19日放送）

⊙この裁判、一審の山口地裁、二審の広島高裁ともに、無期懲役だった。検察
　側は当然上告するんだけど、最高裁はどういう判決だったと思う？　⇒二審
　の無期懲役の判決を破棄して広島高裁に差し戻した
⊙2006年6月、最高裁は二審の無期懲役の判決を破棄し、広島高裁に差し戻し
　た。ということは、無期懲役ではダメってことだよね。だから2008年4月、
　広島高裁は差し戻しの控訴審で死刑判決を出したんだ。この判決に弁護側が
　上告したんだけど、2012年2月に最高裁が上告を棄却して死刑が確定する。

3. 苦悩する裁判員

⊙刑事裁判の中で死刑制度について考えてきたけど、最後にある裁判における
　死刑判決について紹介するね。2010年2月、宮城県石巻市で3人を死傷する

事件が起き、犯行当時18
歳7か月の少年が殺人罪
などに問われた。新聞記
事は、この事件の裁判員
裁判で、はじめて少年に
死刑判決が言い渡された
時のものだよ。写真にも
あるように、この判決を
出すにあたって裁判員を
務めた男性は苦悩し、「一
生悩み続けるだろう」と

（『山陰中央新報』2010年11月26日）

述べています。もう１度確認しておくけど、裁判員は凶悪犯罪における刑事事件の一審を担当するんだよね。ということは、裁判員制度って究極的には一般市民に死刑制度を問うているんじゃないかって思うんだよね。この裁判員が苦悩する姿は、数年後のあなた自身の姿かもしれないね。

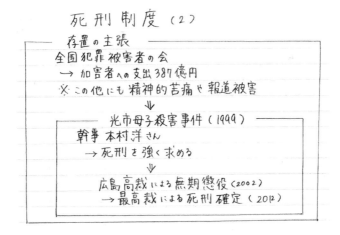

4. 生徒の感想 （2018年度）

◎授業のはじめに、死刑を存置するのか、廃止するのかを聞かれた時、私は廃止する方を選びました。確かに犯人は一生償いきれないほどの罪を犯したけど、それを死んで償うというのは正しいのかなと思ったからです。でも今あらためて考えてみると、一概に廃止とは言えないです。存置派の意見の中に「遺族の感情」というのがありました。妻と娘を殺害された、本村洋さんの映像を見ました。本村さんは「助けてやれなかった自分は無力だ。できることなら犯人を殺してあだ討ちしたい。」と言っていました。本村さんも家族も悪くないのに、いつものくらしが壊されてしまったショックや怒りは、私には計り知れないものだと思います。もしも自分の身でそんな事件が起これば、私も犯人には責任を取ってもらいたいです。そう思うと、死刑という償い方もありなのかなと思ってきました。今も存置すべきなのか、廃止すべきなのか、決めきれないけど、大人になってもきっと決めきれないです。ただ、あらためて命の重大さに気づきました。私は裁判員として選ばれた市民が、少年に死刑の判決を下した後の記者会見の記事がとても心に残っています。裁判員制度で選ばれた裁判員のうち、多くは会見に応じることができません

でした。カメラの前で会見に応じた1人も、苦しそうにうつむいていました。人の運命を決めるって覚悟が必要だなと感じました。だからこそ「自分の判断は正しかった」と自信をもって言えることが、相手にとっても、自分にとっても、最善ではないかと思います。

◎授業の最初に、死刑を存置するのか、廃止するのかを、みんなで話し合いました。私の意見は、存置すべきだと思います。死刑になる人は、基本的には複数の人を殺害した加害者であることを知りました。罪のない人がたった1つの命を奪われているのに、人がいちばんしてはいけない殺人を犯した人が生きているということに、私は違和感を抱きました。授業では、存置派や廃止派の意見もそれぞれ学びました。廃止派の意見の中には、殺人はダメなのに国家が殺人しているという意見がありました。殺人者だからといって、その人を殺すことは殺人になるということに、この意見を聞いてはじめて気づきました。また、加害者にも人権があるという意見もありました。しかし、人の人権を奪っていて、奪った人の人権を奪うなっていうのは、おかしいと思いました。そして、最初に抱いた違和感の正体は、このことだったことに気がつきました。存置派の意見については、妻と娘を殺された人の話を聞きました。「殺してやりたい」とおっしゃっていたのが、とても印象的でした。そして、とても苦しそうに見えました。遺族のこの怒りや苦しみを無視して、勝手な情報が出回り、このことがまた遺族の方を苦しめていることを知りました。今回の授業の最後に、もう一度死刑について自分なりに考えてみましたが、私はやはり死刑に賛成です。そして、メディアが必ずしも正しい情報を伝えているわけではなく、その情報に傷ついている遺族の方がいるのを忘れないようにしたいです。

◎私は最初、死刑を廃止することに賛成していました。理由の1つ目は、えん罪の危険性があるということです。2つ目は、もし自分が被害者の家族だったら、死刑というかたちですぐに死んだり、命をあきらめたりせず、一日一日を必死に生きて、命の重みをわかってほしいからです。3つ目は、死刑は少し残虐的なことだと思うからです。存置派の意見の多くも確かに共感しましたが、経済的な負担については共感できませんでした。なぜなら犯罪をした人の更生のためにたくさんのお金がかかったとしても、社会環境を整えさせすれば死刑にしなくても再犯の危険は減ると思うからです。裁判員制度についても学び、人の命の大切さと裁くことのたいへんさを、あらためて感じました。これから人を大切にしていくことと、裁判について興味をもち、自分の意見をもてるようになりたいです。

◎「殺してやりたい」と遺族の方が言った、この言葉が強く印象に残りました。死刑制度の存置に賛成です。死刑制度を学ぶ中で、光市母子殺害事件について知りました。事件の内容を知り、今まで「死刑制度は殺人の正当性を示しているから嫌だ」という考え方から、「なぜ殺人を複数回おこなった人間が、18歳になったばかりということで死刑にならないのか」という考え方に変わりました。この事件の被害者遺族である本村洋さんが、被告人に対して「殺してやりたい」と言っている場面を映像で見ました。妻と娘を殺されているんだから、そういうふうに思っても当然です。尊い命を奪ってしまったのなら、命で償うべきだと思いました。

◎この授業を受ける前、死刑については日本でいちばん重い罪で、絞首で執行されることくらいしか知りませんでした。当たり前に、どこの国でも死刑はあるものだと思っていました。だから授業で、廃止すべきか、存置すべきかを聞かれた時、「廃止にできるんだ！」と、とても驚きました。私は廃止にすべきだと考えていました。死刑があっても犯罪の抑止にはならないと思うし、むしろ終身刑を創ってしまって、長期的な償いがよいのではと思っていました。しかし、受刑者にかかる経済的負担や再犯防止、遺族の感情などを考えてみると、存置する方がいいと思いました。ただ私はとても怖いと思うことがあります。それはえん罪の危険性があることです。しかも、警察が犯人じゃない人を犯人にしたり、脅すように無理やり犯人にしたりしていたことがとてもショックでした。こんなことは絶対にあってはいけないと思いました。これでは警察がつくった事件の被害者になってしまうし、この被害者の人生は目茶苦茶です。お金だけでは済まされません。今、もう一度死刑制度について聞かれたら、存置すべきだと答えると思います。しかし、えん罪がないように、警察もきちんと取り組んでほしいと思います。難しい問題でしたが、死刑について知ることができてよかったです。

◎今回の授業で、裁判は本当に重要なんだと知りました。被害者からすれば、ここでしか自分の意見や求める刑を伝えることができないし、加害者からすれば最悪の場合は生きるか死ぬかを裁判してもらうということになります。何かのテレビ番組で、死刑囚の親へのインタビューを見たことがあります。はっきりとは覚えてないのですが、確か死刑判決が出た時「とても怖かった」ということを言っていました。もちろん凶悪な罪を犯した方が悪いですが、死刑というのは合法的に人の命を奪っているということになります。死刑囚の家族は加害者側でありながら、死刑によって家族を殺されることを宣告された被害者側にもなります。司法については幼い時から興味があって、

裁判などの話は大好きでしたが、こうして中学生になり、裁判を別の角度から見ることで、法が被害者に寄り添っていないことや市民が人を裁くことの重さ等を学びました。こういうことを学んで、被害者になる人も加害者になる人も減らしていくような取り組みができればいいと思います。

◎私は最初、死刑に反対寄りの考えをもっていました。犯人を殺すよりも生かして、生きるのがつらくなるような人生を送らせる方が、罪の償いになると思ったからです。しかし、授業の中で、存置派と反対派の主張について、あらためて考えました。まず存置派の「遺族の思い」です。これを聞いてハッとしました。先日、妹の帰宅が遅れた日がありました。完全下校時間を1時間過ぎても帰ってこないので、心配して探しに行きました。その間、私はずっと「死んでないよね」「事件や事故に巻き込まれてないよね」と不安でした。その後、妹は帰ってきましたが、怖くてたまりませんでした。「もし家族が…」と想像すると、私は犯人に死刑を求めると思います。それは他の私の大事な人たちも同じです。私の大事な人たちを傷つけたんだから、当然の罰だと思ってしまいます。反対に廃止派の「えん罪の危険性」についても考えさせられました。確かにえん罪なのに死刑を執行してしまったら大問題です。人は亡くなったら二度と帰ってきません。そう思うと、死刑は廃止すべきかなとも思いました。2つの視点で考えて、この授業が終わる頃には、私は死刑存置寄りの考えに変わりました。自分の大切な人が傷つけられるのは、どうしても許せないからです。今私が想像していることが本当に起こっていて、悲しい気持ちの人がたくさんいます。そんな人たちを悲しみから少しでも救う一つの方法としても死刑があるのかなと思いました。

40 裁判所の仕事と裁判官

1. 裁判所の仕事

⊙司法の学習の最後に裁判所や裁判官について考えていくことにするね。裁判
所の仕事って、民事裁判や刑事裁判だけではないんだよね。法律の制定って
どこの仕事だった？ 最高法規って何？ ⇒国会、憲法

⊙国会が制定する法律は、最高法規である憲法の考え方に合致していなければ
ならないんだ。これを合憲って言うよ。反対に憲法に違反していることを何
というの？ ⇒違憲

⊙裁判所には、国会が制定する法律が、合憲か違憲かを判断する権限が認めら
れている。この権限を何というの？ そしてこの権限は対何？ ⇒違憲立法審
査権、対国会

⊙違憲立法審査権について、最終的な判断を下すのは何という裁判所なの？
⇒最高裁判所

⊙最終的な判断を下す最高裁判所のことを何というの？ ⇒憲法の番人

⊙以前、1票の格差について学んだけど、最高裁はこれが違憲かどうかも判断し
ているんだよ。2013年の参院選は2010
年に続き、再び違憲状態とする判決を
言い渡した。だから有権者の少ない島
根と鳥取はどうなったの？ ⇒合区

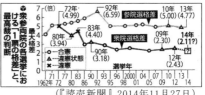

（『読売新聞』2014年11月27日）

⊙2016年の参院選では島根と鳥取、徳
島と高知が合区になったんだ。島根
県だけでも東西に長いのに、鳥取県
と一緒になって、360km以上の移動距
離って、候補者もたいへんだよね。

（『山陰中央新報』2016年1月1日）

⊙裁判の種類って、民事裁判と刑事裁
判と、あと1つは何？ 行政裁判は対何？ ⇒行政裁判、対内閣

2. 裁判官

⊙裁判官についても確認しておこう。裁判官については、憲法第何条で規定さ
れているの？ ⇒76条

⊙76条3項を読んでみよう。「独立して職権を行い、この憲法及び法律にのみ
拘束される。」って規定されているよね。つまり裁判官は公正で中立な判決
が求められるため、国会や内閣といった国家権力から独立していなくてはな
らないんだ。このことを何というの？ ⇒司法権の独立

⊙司法権の独立を守った裁判官として、よく語られるのが児島惟謙さんだ。18
91年、滋賀県大津市で来日中のロシア皇太子に警備の巡査が切りつけるとい
う大津事件が起きた。ロシアを恐れた内閣は、巡査に死刑を求めるよう圧力
をかけたが、現在の最高裁長官にあたる児島さんは当時の法律に基づいて無
期懲役の判決を下したんだ。
⊙では以前学んだんだけど、裁判官が罷免させられる場合って、どんな時だっ
た？ ⇒弾劾裁判
⊙国会の中に設置される弾劾裁判によって、不適格な裁判官を辞めさせること
ができたよね。実はもう1つ辞めさせる方法があるんだけど、それは何？
⇒国民審査
⊙最高裁判所の裁判官については、衆院選の時に国民によって罷免するかどう
かが審査されるんだ。これを国民審査っていうんだよ。

3.三権分立

⊙これまで政治について学んできたんだけど、学んだことを端的にまとめると
三権分立の図になるんだ。対何っていろいろあったけど、三権がそれぞれ互
いに抑制しながら、均衡しているんだよ。そんな中で、日本の場合は国会と
内閣の結びつきが強かったけど、これを何というの？ ⇒議院内閣制
⊙裁判所は、国会や内閣から少し距離を置いていたね。これを何というの？
⇒司法権の独立
＊三権分立について、黒板上で図示しながらふりかえることができると、理解
を促しやすい。

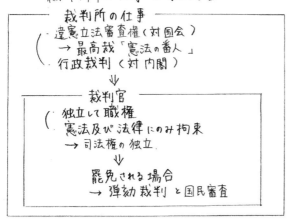

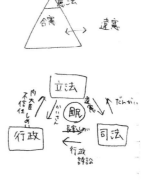

41 地方自治のしくみ

1. 首長と地方議会

◎この時間から、地方の政治について学んでいくことにしよう。住民たちが自分たちの地域を自分たちの力で治めていくことを何というの？ ⇒地方自治

◎地方自治は、島根県とか、津和野町、吉賀町、益田市といった、都道府県や市（区）町村単位でおこなわれるんだけど、都道府県や市（区）町村のことを何というの？ ⇒地方公共団体（地方自治体）

◎地方公共団体のトップを何というの？ 島根県だったら？ 津和野町だったら？ ⇒首長、県知事、町長

◎ちなみに島根県知事って誰？ 津和野町長は？ ⇒丸山達也県知事、下森博之町長

◎地方公共団体って、どんな仕事をしているの？ ⇒道路、消防、ゴミ、水道など

＊道路、消防、ゴミ、水道、電話、郵便、ガス、電気といったカードを、地方公共団体の仕事かどうか、生徒たちとやり取りしながら黒板上で分類してもよい。この時、津和野町など、地方公共団体名が印字されたゴミ袋などを提示してもおもしろい。

◎こういう地方公共団体の仕事のことを何というの？ ⇒行政サービス

◎一方で、地方公共団体には議会がある。こうした議会のことを何というの？ 島根県だったら？ 津和野町だったら？ ⇒地方議会、県議会、町議会

◎地方議会でどんなことを議決するの？ ⇒予算や条例など

◎条例っていうのは、その地方公共団体だけで適用されるきまりのことだよ。津和野町には「地酒で乾杯条例」っていうユニークな名前の条例があって、地場産業の発展につなげようとしているんだよ。

◎ところで国政同様、もし首長の仕事に信頼できなければ、地方議会は何かを提出することが認められているよ。何を提出できるの？ ⇒不信任案

◎不信任案が可決されると、首長はその後どう対応するの？ ⇒辞職するか地方議会を解散する

2. 民主主義の学校

◎地方自治は、国政よりも、住民の関わりが強いよ。首長や地方議会の議員って誰が選ぶの？ ⇒住民

◎選挙によって首長や議員を選ぶんだよね。国政の場合はどうだったかな。国会議員は誰が選ぶの？ 内閣総理大臣は？ ⇒国民、国会議員

◎国政と違って、首長も議員も住民が選ぶ二元代表制になっているんだ。さらに直接民主制のしくみを取り入れるため、住民が首長や議員の解職、条例の

制定や改廃などを求めることもできる。こうした権利を何というの？ ⇒直接請求権

⊙東日本大震災後の2014年、島根県の住民団体が原発に依存しない地域をめざす「島根県エネルギー自立地域推進基本条例」の制定を求めて、当時の溝口善兵衛県知事に直接請求をおこなった。必要な署名数は有権者の50分の１なんだけど、この時その約７倍にあたる８万人を超える署名が集まったんだ。当然、条例はできたよね？ ⇒県議会が否決

⊙県議会総務委員会は「現実にそぐわない」として否決し、続く本会議でも否決されてしまったんだ。

⊙こうした直接請求権の他、住民が税金の使われ方など、地方行政を監視する制度があるんだけど、これを何というの？ ⇒オンブズマン（オンブズパーソン）

⊙学んできたように、地方自治は住民が民主主義の担い手としてより活躍できるので「地方自治は民主主義の学校」とも言われるんだよ。

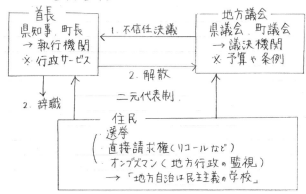

地方自治 のしくみ

42 地方自治の課題(1)

1.地方財政
⊙地方公共団体は、どこかから収入を得て、公共サービスの提供、つまり支出するわけだよね。行政による収入と支出のことを何というの？ ⇒歳入と歳出
⊙地方公共団体が歳入を得て歳出する活動のことを地方財政っていうんだけど、この時間は地方自治の課題として、この地方財政について考えてみようと思う。歳入について、いくつか項目があるけど、このうち地方公共団体による自主財源、つまり住民がまかなっている項目はどれだと思う？ ⇒地方税
＊教科書に地方財政における歳入のデータが掲載されているはずなので、これを示すとよい。
⊙2016年のデータで、地方税は何％なの？ ⇒38.8％
⊙地方税に次いで、2番目に割合が高い項目は何？ 3番目は何？それぞれ何％？ ⇒地方交付税17.0％、国庫支出金15.4％
⊙地方交付税と国庫支出金って何？ ⇒国からの補助金
⊙これらは国からの補助金で依存財源って言われるものだ。2つの補助金、どこが違うの？ ⇒使いみち
⊙地方交付税は地方公共団体が自由に使えるけど、国庫支出金は使いみちが決められているんだ。
⊙地方交付税がまったく支給されていない都道府県があるんだけど、どこだかわかる？ ⇒東京都
⊙東京都のような都市部は地方税の税収が多いため、地方交付税に頼る必要がないんだ。一方、地方は税収が少ないのでどうしても補助金に頼らざるを得ない。2015年における人口1人あたりの地方交付税額が最も高い都道府県はどこだと思う？ ⇒島根県
⊙島根県は地方交付税の割合が36.6％に上り、人口1人あたりの地方交付税額が最も高いんだよ。
＊地方公共団体の広報誌には、当該年度の当初予算の概要が掲載されていることが多い。2018年度における津和野町の当初予算は、地方交付税が46.2％を占めている。地方の市町村の多くが同様だと思われるので、こうしたデータを示してもよい。
⊙地方税、地方交付税、国庫支出金とあったけど、あと1つ項目が残っているけど何？ 何％？ 地方債って何？ ⇒地方債10.2％、借金
⊙自主財源や依存財源でまかなえないので、借金をすることで行政サービスを

提供しているんだね。

2.夕張市の財政破綻

⊙住民たちが自分たちの地域を自分たちの力で治めていくこと、これが地方自治だったね。自主財源で行政サービスを提供するのが本来の姿だと思うんだけど、地方の市町村の多くは自主財源でまかなえないんだ。そうした中で、2007年にある地方公共団体が、企業で言えば倒産にあたる財政破綻した。この地方公共団体って、どこか知ってる？ ⇒北海道夕張市

⊙石炭で繁栄した夕張市は、炭鉱の閉山で人口が流出、バブル期にはテーマパークの建設などで観光に力を入れたんだけど、その後の景気低迷もあって632億円もの借金を抱えて財政破綻した。このうち地方交付税などで手当てするものを除いた353億円を18年かけて返済する計画だ。住民1人あたり280万円の借金なので、市民税などの税額が全国最高レベルに引き上げられるなど、痛みを伴う。2011年、この夕張市に新しい市長が誕生した。鈴木直道市長の給料っていくらだと思う？ ⇒手取りで約16万円

⊙もちろん市長の給料としては全国最低だ。交通費など、公務に伴う出費もこの中から自分で負担しているんだって。鈴木さん、現在は北海道知事を務めているよ。

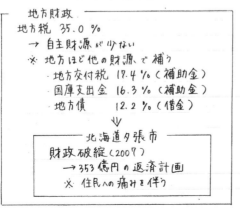

43 地方自治の課題(2)

1. 地方分権改革

◎地方財政に課題があることを学んできたけど、この時間もそうした課題について、まずは考えていくことにするよ。歴史で学んだように、明治政府は税収を中央に集めて、直接全国を治める国づくりをめざしたんだけど、こういう国家のことを何というの？ ⇒中央集権国家

◎中央集権と真逆の意味の言葉は何？ ⇒地方分権

◎これまで中央集権のもと、ヒト、モノ、カネなどが東京に一極集中し、その過程で地方は人口流出をはじめとするさまざまな課題を抱えるようになり、疲弊してきたんだ。そこではじまったのが地方分権改革だ。特に2001年からの小泉内閣のもとで進められたのが構造改革だ。地方財政に関しては、「地方への税源移譲」、「地方交付税の見直し」、「国庫支出金の削減」の３つをセットにして取り組むので、三位一体の改革って銘打たれた。端的には、税収の一部を地方に移す代わりに、補助金は減らしますってことなんだ。全国の地方公共団体、三位一体の改革って、うれしいかな。同じ地方公共団体でも、東京都と島根県では影響が異なるんだよね。東京都はうれしいかな？ ⇒うれしい

◎東京都は地方交付税が配分されていなかったよね。補助金を減らされても、何ら影響はないんだ。一方で税収が増えるのでうれしいよね。逆に島根県は、人口１人あたりの地方交付税の額が全国で最も高かったね。島根県のような地方は、補助金が減らされたら、その影響が大きいんだよ。だから地方にある市町村で、この頃に実施されたのがどんなこと？ ⇒市町村合併

◎みんなの住んでいる津和野町は旧津和野町と旧日原町が合併してできたし、隣の吉賀町は旧六日市町と旧柿木村が合併したよ。松江市にいたっては、旧松江市と旧八束郡８町村が合併した。2000年に59あった島根県の市町村は、現在いくつになたと思う？ ⇒19

◎市町村合併の後、次はどんなことが考えられているのかな？ ⇒道州制

◎次は都道府県かもしれないね。政府の地方制度調査会は、道州制の区割り案も提示しているよ。

2. 地域づくり

◎ところで、安倍内閣が掲げた「地方創生」って言葉、聞いたことがあるかな。それぞれの地方公共団体が「地方版総合戦略」をまとめて、魅力ある地域づくりをめざしているんだよ。「地方創生」以前から、津和野町は子どもの医療費が

中学校卒業まで無料だよね。吉賀町は、高校卒業までだよ。しかも保育料や放課後児童クラブ、学校給食も無料化を実現している。こうした地道な地域づくりが実を結び、現在吉賀町は０〜４歳児が15％も増加しているんだって。島根県の地域づくりを考えた時、もう１つ紹介しておきたいのが海士町だよ。隠岐の島前３町村は合併することなく、現在にいたっているんだけど、ユニークな取り組みで全国的にも注目を集めている。特に紹介したいのが、海士町にある隠岐島前高校だ。2008年、隠岐島前高校への入学者は28人で統廃合の危機となった。地元の中学校を卒業した生徒たちの多くが日本海を渡り、本土の高校に進学したためだよ。この危機に東京からＩターンした岩本悠さんたちが、地域と一緒に高校の「魅力化」に取り組んだんだ。放課後の学習支援や地域を舞台にした学習カリキュラムなどが実を結び、県外から「島留学」する生徒たちが増えた。生徒数がＶ字回復し、2012年には２学級化が実現した。いわゆる「隠岐島前の奇跡」だ。この「魅力化」の取り組みは、その後島根県全体に広がり、「しまね留学」として津和野高校などにも定着しているし、ここ津和野中学校や日原中学校にも教育魅力化コーディネーターが配置されるようになったよね。

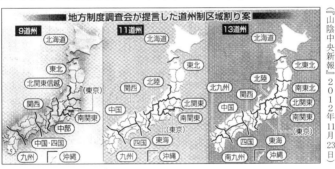

地方制度調査会が提言した道州制区域割り案

9道州 / 11道州 / 13道州

《山陰中央新報》2012年11月23日

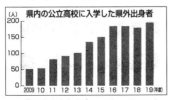

総合戦略に掲げた主な経済負担軽減策

保育料無料化	第１子から	吉賀町
	第２子から※	川本町、邑南町
	第３子から※	松江市、雲南市、飯南町、奥出雲町、美郷町
子ども医療費無料化	高校卒業まで	吉賀町、知夫村
	中学校卒業まで	大田市、雲南市、浜田市、西ノ島町、飯南町、奥出雲町、川本町、美郷町、邑南町
	小学校卒業まで	松江市、安来市

※同時入所や対象年齢などの条件付きは除く

（『山陰中央新報』2015年12月15日）

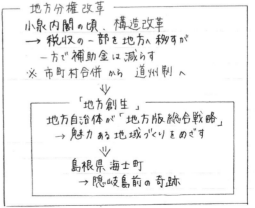

地方自治 の 課題 (2)

地方分権改革

小泉内閣の頃、構造改革
→ 税収の一部を地方へ移すが
－方で補助金は減らす
※ 市町村合併 から 道州制 へ
↓
「地方創生」
地方自治体が「地方版総合戦略」
→ 魅力ある地域づくりをめざす
↓
島根県 海士町
→ 隠岐島前の奇跡

県内の公立高校に入学した県外出身者

（『山陰中央新報』2019年6月11日）

44 家庭の経済活動

1. 家計

◎この時間から、経済の学習をしていくね。経済ってお金の話がたくさん出て
きて、何だかとっつきにくいイメージかもしれないけど、難しく考えなくて
もいいからね。まずはみんなの家庭のレベルでの経済について学んでいくこ
とにしよう。家庭の経済活動のことを何というの？ ⇒家計

◎そう、家計簿の家計だね。では、みんなの家庭では、どうやってお金を得て
いるのかな？ ⇒会社、自営業など

◎会社に勤めたり、商売をしたりして、お金を得ているんだよね。かつて、い
わゆる長者番付というのが公示されていたことがあるんだ。2006年から廃止
されたんだけど、所得税をたくさん納める高額納税者を公示する、お金持ち
のランキングのことだよ。少し古いけど、1992年の長者番付を見て、何か気
づくことない？ ⇒1位の辰馬さんが無職

◎最も所得税を納めた辰馬さんが無職って何だか変だよね。所得税額っていく
ら？ ⇒41億3,145万円

◎41億円あまりの所得税を納めているよね。当時所得税の税率は50%だったの
で、単純に計算して辰馬さんは80億円以上の所得があったことになる。無職
なのにどうして所得があるの？ ⇒不動産所得

◎辰馬さんは遺産相続による土地の売買によって所得が多かったそうだ。所得
は働いて得られるものの他、不動産の売買などでも得られるんだよ。一方で、
限られた収入の中から欲しいものを購入する消費活動がおこなわれる。みん
なが購入するものは、食べ物や衣類のようにかたちあるものもあれば、かた
ちのないものもあるよね。かたちのないものって、例えばどんなもの？
　⇒医療や福祉、教育など

◎かたちのあるもの、ないもの、それぞれ何というの？ ⇒財、サービス

◎そうした財やサービスへの支出よりも収入が多ければ、余ったお金はどうな
るの？ ⇒貯蓄

2. 支払いと債務

◎ところで、財やサービスへの支払い方法にはどんなものがあるの？ ⇒現金、
電子マネー、クレジットカードなど

＊QRコード決済を取り上げるのもおもしろい。

◎電子マネーやクレジットカードって、キャッシュレスで買い物ができて便利だ
よね。ただ、同じキャッシュレスではあるけど、その内容はまったく違うんだ

よね。電子マネーは一定の金額をチャージして使うのに対して、クレジットカードはカード会社が立て替えて支払いを済ませ、その後代金を利用者に請求するシステムになっている。現金のやり取りがないので金銭感覚が麻痺し、利用限度額いっぱいまで使ったり、ATMからお金を借りるキャッシングを利用したりする人もいる。借金を返済するため、カード会社や消費者金融からさらにお金を借りることで多重債務に陥り、自己破産申請件数が急増したことがあるんだ。消費者金融って、どんな会社を知ってるの？ ⇒アコム、プロミス、アイフルなど

⊙消費者金融は比較的簡単にお金を貸してくれるけど、金利が高いんだよね。こうしたことから消費者金融への規制が強化され、自己破産申請件数は2003年の約24万件をピークに減少し続けていた。ところが2016年、自己破産申請件数が13年ぶりに増加し、6万4,637件になったんだ。近年、カード会社や消費者金融に変わって、規制対象外の銀行カードローンの貸付が急増している。無職なのに100万円以上貸し付けたケースもあったんだって。消費者として、将来どんなことに気をつけないといけないかな。

1992年長者番付

	氏 名	職 業	所得税額(万円)
1位	辰馬久仁	無職	413,145
2位	光山和徳	不動産貸付	336,783
3位	毒島邦雄	SANKYO社長	294,725
4位	齋藤了英	大昭和製紙名誉会長	156,172
5位	笹川 尭	衆議院議員	150,544

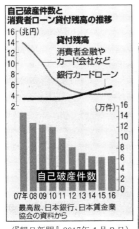

自己破産件数と消費者ローン貸付残高の推移

貸付残高
消費者金融やカード会社など
銀行カードローン
自己破産件数
07年 08 09 10 11 12 13 14 15 16
最高裁、日本銀行、日本貸金業協会の資料から

（『朝日新聞』2017年4月3日）

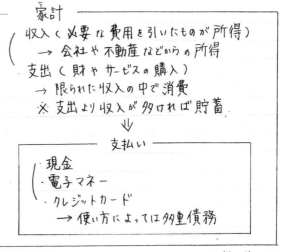

家庭の経済活動
　家計
（収入（必要な費用を引いたものが所得）
　　→ 会社や不動産などからの所得
　支出（財やサービスの購入）
　　→ 限られた収入の中で消費
　※ 支出より収入が多ければ貯蓄
　　　　　⇓
　　　　　― 支払い ―
　・現金
　・電子マネー
　・クレジットカード
　　→ 使い方によっては多重債務

45 消費者の保護

１. 消費活動

⊙消費者の立場で経済について学んでいるけど、消費活動って何をもって成立するのかな。買い手である消費者は商品の品質を確認する前に売り手を信用して購入しようとするし、売り手は買い手に支払い能力があると信用して商品を渡しているよね。こうして売り手と買い手がお互いに信用し、難しい言葉だけど契約に基づいて消費活動は成立しているんだよね。しかし近年、こうした信用や契約をないがしろにするケースが後を絶たない。例えば2018年１月、成人式を直前に、振袖の販売やレンタルを扱う業者が、突然営業を取りやめた。予約していた新成人たちのもとに晴れ着が届かず、人生でたった１度だけの成人式に、多くの新成人たちが晴れ着を着られなくなってしまった。この他にも食品の産地を偽装したり、悪質商法があったりする。どんな悪質商法を知っているの？ ⇒キャッチセールス、催眠商法、アポイントメントセールスなど

＊悪質商法については、経済産業省やその関連財団法人などから、イラスト付きで解説するパンフレットが作成されているので、これらを提示しながら解説してもよい。

２. 行政の対応

⊙消費者の安全や権利を守るため、行政としていちはやく動いたのがアメリカだ。（顔写真を示しながら）この大統領、誰か知ってる？ ⇒ケネディ大統領

⊙1962年、ケネディ大統領は消費者の４つの権利を提言した。４つの権利って何？ ⇒安全である権利、知る権利、選ぶ権利、意見を反映させる権利

⊙こうした権利は、現在の日本の消費者基本法の考え方にもつながっているんだよね。消費者が購入する商品は、当然安全でなければならない。欠陥商品によって消費者が被害を受けた場合、消費者が企業側の過失を証明できなくても、損害賠償を求められるような法整備が進んだけど、1995年に制定されたこの法律を何というの？ ⇒製造物責任法(PL法)

⊙このPL法について、アメリカでは信じがたい判決が出されているよ。1992年、ニューメキシコ州のマクドナルドでの話だ。79歳の女性がドライブスルーで朝食をテイクアウトした。女性は店の駐車場でコーヒーのふたを開けようとした時、誤って膝の上にこぼしてしまい、火傷してしまったんだ。その後女性はコーヒーの熱さは異常であり、治療費の一部を補償するべきなどと訴えて裁判になった。この裁判の判決、どうなったと思う？ ⇒マクドナルドに

286万ドル（約３億2,000万円）の支払い命令

- ⊙コーヒーをこぼしただけで３億円あまりの賠償金の支払いが命じられた。訴訟大国アメリカを象徴するようなできごとだ。こんなできごとが度々あるようでは、マクドナルドもたまったものではないよね。何らかの対応が必要だ。どんな対応をとったと思う？ ⇒コーヒーカップなどに注意書き

- ⊙その後マクドナルドは、コーヒーカップに「HOT！HOT！HOT！」と注意書きするなどの対応をとった。スターバックスも同様に注意喚起するようになったらしいよ。

- ⊙PL法のような法律だけではなく、消費者を保護する制度も整備された。訪問販売などで商品を購入した場合、一定期間であれば購入契約の解除ができるけど、この制度は何？ ⇒クーリング・オフ

- ⊙また、2009年には、消費者問題に取り組む新たな官庁ができたけど、この官庁は何？ ⇒消費者庁

- ⊙行政の対応も充実してきたけど、それ以上にやはり賢い消費者になることが大事だよね。賢い消費者になるにはどうしたらいいかな。

《『山陰中央新報』2018年1月10日》

晴れ着被害 総額数千万円
神奈川県警 詐欺容疑視野に捜査

相談相次ぎ380件

46 流通のはたらき

1．流通

⊙消費者という視点で経済について学んでいるよね。商品を購入する人を消費者っていうけど、その商品を作る人を何というの？　⇒生産者

⊙生産者によって生産された商品について、消費者が生産者から直接購入することってほとんどないよね。生産者と消費者の間には、その途中で多くの人たちのはたらきがあるんだよ。商品が生産者から消費者まで届く流れのことを何というの？　⇒流通

⊙この時間は、こうした流通について学んでいくことにするね。消費者であるみんなは、普段どんなところで買い物するの？　⇒コンビニ、スーパーなど

⊙コンビニやスーパーなど、消費者に直接商品を販売する業者を何というの？
　⇒小売業

⊙小売業の人たちは、多くの生産者から直接商品を仕入れるわけではなく、ある業者から仕入れるんだけど、この業者を何というの？　⇒卸売業

⊙例えば野菜や魚って、農業や漁業に携わる人たちは、まずどこへ出荷するの？　⇒市場

⊙こうした市場、あるいは工場で作られた商品を扱う問屋にあたるのが卸売業だよ。流通に携わる人たちはそれだけではない。例えば新聞の折り込み広告があるけど、こうした広告はスーパーなどが自分たちで直接作成しているわけではなく、専門の業者に依頼している。この業者を何というの？　⇒広告業
＊広告を提示しながら説明してもよい。

⊙広告業の他、運送業や倉庫業など、流通に携わるこうした業者をすべてまとめて商業っていうんだよ。
＊流通については、その流れを黒板上で図示しながら説明してもよい。

2．流通の合理化

⊙流通にさまざまな業者が携わっているってことは、その人たちの人件費を含め、流通上の無駄をなくせば、商品の価格が下がったり、業者の利潤が増えたりするんだよね。この流通上の無駄をなくすことを、流通の合理化っていうんだよ。これに関連して、みんなの家庭でもよく利用すると思うけど、近年コンビニやスーパーなどに行かなくても商品を購入できるようになった。ネットを使ったオンラインショッピングは、店舗を構える必要がないので経費が削減できるよね。流通の合理化の1つだ。

⊙コンビニなどのレジでは、商品の金額を打ち込まず、何を読み取っている

の？ ⇒バーコード

⊙バーコードを読み取ることでコンビニなどの店舗が把握しているのは、実は金額だけではないんだ。その商品の売れ行きや在庫なども把握している。売れ行きが悪ければ他の商品に差し替えるし、在庫が少なくなれば仕入れをする。そんな管理システムを何というの？ ⇒POSシステム

⊙コンビニやスーパーなどでは、生産者が商品に名付け、広く消費者に知られたナショナルブランドとは別に、独自に企画したプライベートブランドが広がっている。イオンのトップバリューなど、一般的にナショナルブランドよりも価格が安く、消費者の支持を集めている。

⊙流通の合理化について、もう１つ紹介しておくね。2008年、漁業協同組合のJFしまねはイオンとの直接取引を、全国ではじめて実施した。イオンが全量を買い取ることで、漁業者は収入の増加が見込め、イオンは卸売業を通さないことで鮮度の高い魚を消費者に安く提供できる。近畿地方のイオンでは、こうした直接取引による島根の鮮魚を消費者が支持しているんだけど、一方で卸売業の県魚商人組合連合会は直接取引を拡大しないように求めているんだ。

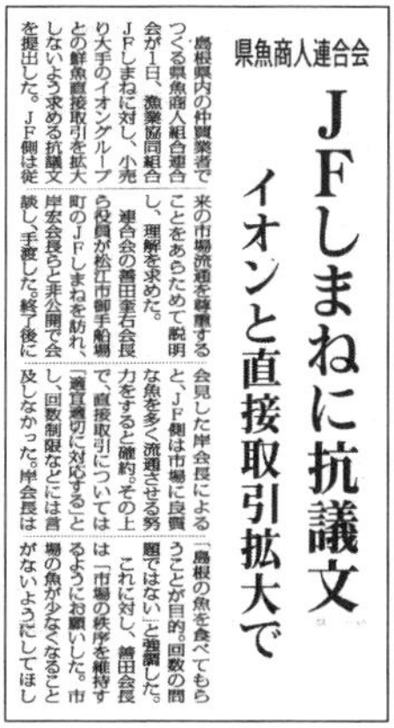

県魚商人連合会

JFしまねに抗議文
イオンと直接取引拡大で

島根県内の仲買業者でつくる県魚商人組合連合会が1日、漁業協同組合JFしまねに対し、小売り大手のイオングループとの鮮魚直接取引を拡大しないよう求める抗議文を提出した。JF側は従来の市場流通を尊重することをあらためて説明し、理解を求めた。

連合会の善田重右会長ら役員が松江市御手船場町のJFしまねを訪れ、岸宏会長らと非公開で会談し、手渡した。終了後に会見した岸会長によると、JF側は市場に良質な魚を多く流通させる努力をすると確約。その上で、直接取引については「適宜適切に対応する」とし、回数制限などには言及しなかった。岸会長は「島根の魚を食べてもらうことが目的。回数の問題ではない」と強調した。

これに対し、善田会長は「市場の秩序を維持するようにお願いした。市場の魚が少なくなることがないようにしてほし

（『山陰中央新報』２００９年６月２日）

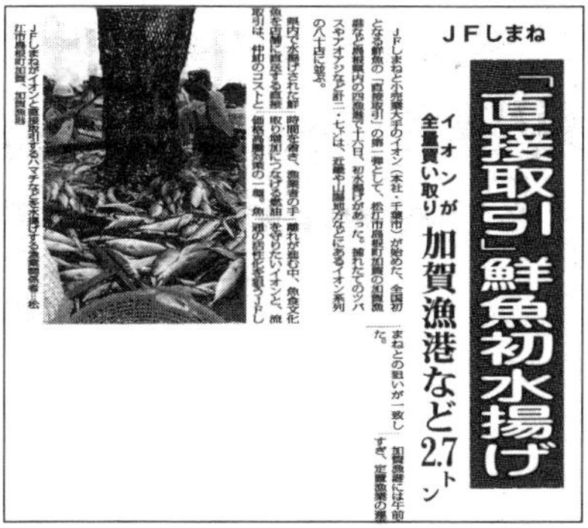

JFしまね

「直接取引」鮮魚初水揚げ

イオンが全量買い取り 加賀漁港など2.7トン

JFしまねと小売業大手のイオン（本社・千葉市）が始めた、全国初となる鮮魚の「直接取引」の第一弾として、松江市島根町加賀の加賀漁港など島根県内の四漁港で十六日、初水揚げがあった。捕れたてのサバやアオアジなど計二・七トンは、近畿や山陽地方などにあるイオン系列の八十店に並ぶ。

県内で水揚げされた鮮魚を店舗に直送する直接取引は、仲卸のコストと時間を省き、漁業者の手取り増加につなげる狙い。価格高騰対策の一環。魚離れが進む中、魚食文化を守りたいイオンと、漁港の活性化を狙うJFしまねとの狙いが一致した。

加賀漁港には午前…すぎ、定置漁業の漁

JFしまねがイオンと直接取引するハマチなどを水揚げする漁業関係者＝松江市島根町加賀、加賀漁港

（『山陰中央新報』２００８年８月17日）

流通
商品が生産者から消費者まで届く流れ
→ 卸売業、小売業、運送業など（流通業）
※ 商業の中心

⇓

流通の合理化
流通上のムダをなくすこと
- オンラインショッピング
- POSシステム
  → バーコードでの商品管理
- プライベートブランド

47 市場経済

1. 市場

⊙2015年7月、石川県が開発したルビーロマンというブドウ、金沢市内の市場で初競りにかけられたんだけど、1房いくらすると思う？ ⇒100万円（1粒は約3万8,000円）

⊙2015年10月、北海道深川市は移住や定住を促進しようと宅地の販売をはじめました。1区画100坪、畳でいうと200畳の広さなんだけど、この宅地いくらだと思う？ ⇒980円

⊙2019年1月、旧築地市場から豊洲市場に移転後、はじめての新年を迎えた初競りがおこなわれた。この時、青森県大間産の278kgのクロマグロ、いくらだったと思う？ ⇒3億3,360万円

⊙財やサービスには、それぞれ価格があるけど、この時間はこうした価格がどのようにして決定されるのか、学んでいくことにしよう。

＊この他、牛丼やハンバーガーといったファストフード、マリーアントワネットの靴、ナポレオンの帽子、戦闘機などの価格を予想させるのもよい。

⊙こうした財やサービスが売買される場のことを市場っていうんだけど、きゅうりはきゅうり、労働力は労働力などそれぞれの市場が存在するんだ。

＊東京都中央市場における、月別のきゅうりの入荷量と価格のグラフを作成させ、その関係性を読み取らせてもよい。入荷量が少なくなる冬に価格が上昇することから、地理で学んだ高知平野や宮崎平野などでの促成栽培についてふりかえることもできる。

2. 市場価格

⊙実際に市場で取り引きされる価格のことを何というの？ ⇒市場価格

⊙需要と供給って言葉、聞いたことあるかな。「買いたい」っていうのは、需要と供給のどっち？ ⇒需要

⊙「買いたい」が需要で、「売りたい」が供給だね。市場価格っていうのは、この「買いたい」量（需要量）と「売りたい」量（供給量）との関係で決定されるんだよ。教科書にある需要曲線と供給曲線のグラフを見てごらん。わかりやすいように極端な話をするね。例えばダイヤモンド1つ100円とします。本物のダイヤモンドだよ。そんな価格で売りたい人はいないよね。でも、そんな価格だったら買いたい人はたくさんいる。これでは需要と供給がアンバランスで、売買が成立しないので、この需要曲線と供給曲線が交差する適度な価格に近づいてくるんだよ。逆に今度はリンゴ1個100万円とします。そ

んな価格だったら売りたい人はたくさんいるけど、そんな価格で買う人はいない。だからこの場合も、需要曲線と供給曲線が交差する適度な価格に近づいてくるよ。そして需要と供給が一致した価格を何というの？　⇒均衡価格
◎市場価格を均衡価格へと導くしくみのことを何というの？　⇒市場メカニズム
＊教科書にある需要曲線と供給曲線のグラフに、100円や100万円を書き加えながら説明してもよい。

3. 公共料金

◎ただ、財やサービスの種類によっては、市場メカニズムに委ねることができないものもあるんだよ。電気やガス、水道などは、所得に関係なく、誰にとっても必要で公平な供給が求められるよね。もし市場メカニズムに委ねてしまうと、価格が上昇した時に所得が低い人の生活が苦しくなるので、政府や地方公共団体が決定したり、認可したりする。この価格を何というの？　⇒公共料金

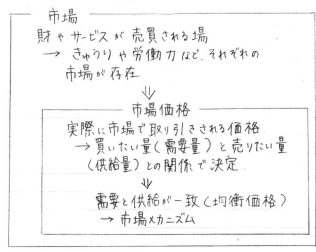

市場経済
┌ 市場
　財やサービスが売買される場
　→ きゅうりや労働力など、それぞれの
　　 市場が存在
　　　　⇓
　　┌ 市場価格 ┐
　　実際に市場で取り引きされる価格
　　　→ 買いたい量（需要量）と売りたい量
　　　　（供給量）との関係で決定
　　　　　　⇓
　　　需要と供給が一致（均衡価格）
　　　　→ 市場メカニズム

48 生産の集中

1. 寡占

⊙市場メカニズムについて学んだけど、これが機能するためには自由競争が必要なんだよ。だけど市場によっては、少数の企業によって生産が集中し、自由競争が促されにくくなるケースもある。少数の企業によって生産の集中が進むことを何というの？ ⇒寡占

⊙寡占状態にある、いくつかの業界について、1から8の空欄にあてはまる企業名は何？ ⇒1. スズキ、2. 富士通、3. 三洋電機、4. サッポロビール、5. 花王、6. 東洋水産、7. 明治製菓、8. ハウス食品

＊プリントは日経産業新聞編『日経市場占有率　2011年版』日本経済新聞出版社を参考に作成した。企業ロゴを黒板に貼りながら確認してもよい。以下、生徒たちとやり取りしながら解説する。

---
2. 富士通のノートパソコンの生産拠点は、出雲市にある島根富士通である。
3. 2011年、三洋電機はパナソニックの完全子会社となり、事実上消滅した。
4. 同じアルコールでも、日本酒の場合、津和野町内だけで4つの酒蔵があるなど、生産の集中は進んでいない。
---

2. 独占価格

⊙市場を独占している企業が、一方的に決める価格を何というの？ ⇒独占価格

⊙例えば寡占状態にある企業が、カルテルという協定を結んで価格を引き上げたとすると、消費者には不利益だよね。こうしたことを避けるために制定された法律は何？　この法律を運用する行政機関は何？ ⇒独占禁止法、公正取引委員会

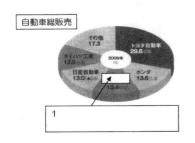

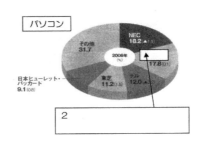

リチウムイオン電池

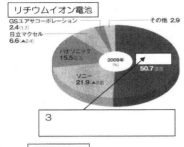

- GSユアサコーポレーション 2.4 (1.7)
- 日立マクセル 6.6 (▲2.4)
- パナソニック 15.5 (2.3)
- ソニー 21.9 (▲3.3)
- その他 2.9
- 50.7 (2.3)
- 2009年（％）

3

ビール系飲料

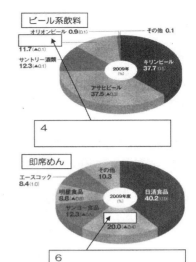

- オリオンビール 0.9 (0.1)
- 11.7 (▲0.1)
- サントリー酒類 12.3 (▲0.1)
- その他 0.1
- キリンビール 37.7 (0.5)
- アサヒビール 37.5 (0.3)
- 2009年（％）

4

練り歯磨き

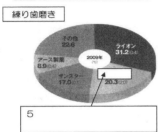

- その他 22.6
- ライオン 31.2 (0.4)
- アース製薬 8.9 (0.4)
- サンスター 17.0 (0.1)
- 20.3 (2.0)
- 2009年度（％）

5

即席めん

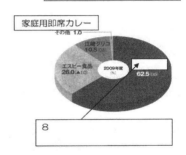

- その他 10.3
- エースコック 8.4 (1.0)
- 明星食品 8.8 (▲0.8)
- ヤンヨー食品 12.3 (▲0.1)
- 日清食品 40.2 (0.9)
- 20.0 (▲0.4)
- 2009年度（％）

6

チョコレート

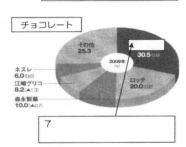

- その他 25.3
- ネスレ 6.0 (0.0)
- 江崎グリコ 8.2 (▲1.3)
- 森永製菓 10.0 (▲0.7)
- 30.5 (0.9)
- ロッテ 20.0 (0.2)
- 2009年（％）

7

家庭用即席カレー

- その他 1.0
- 江崎グリコ 10.5 (0.5)
- エスビー食品 26.0 (1.0)
- 62.5 (0.5)
- 2009年度（％）

8

生産の集中

寡占
少数の企業による生産の集中
→ ビール、ケータイ など
⇓
独占価格
独占（寡占）する企業が決めた価格
→ カルテル（協定）など、消費者に不利益
⇓
独占禁止法
→自由競争を促す
※公正取引委員会が運用

49 生産する企業

1. 株式会社

⊙これまで消費者という立場で経済について考えてきたけど、この時間は財やサービスを作り出す生産にスポットをあてて考えていくことにするよ。生産を主に担うのが企業なんだけど、企業は大きく2つに分類される。上下水道やバスなどを運営する公企業と、もう1つは何？ ⇒私企業

⊙公企業と私企業の違いは、その目的にあるんだ。私企業の目的は何？ ⇒利潤

⊙私企業の中にもさまざまなタイプがあるんだけど、この時間は株式会社について学んでいくことにしよう。財やサービスを生産するためには、道具や機械、原材料などが必要になってくる。こうしたものを買いそろえるためにはお金が必要だけど、このお金のことを何というの？ ⇒資本

⊙生産によって利潤を得たいけど、資本がない場合、株式会社では何を発行するの？ ⇒株式

⊙仮に額面500円の株式（株券）が100万枚売れたとする。資本はいくらになるの？ ⇒5億円

⊙この5億円が財やサービスの生産にあてられるんだよね。

2. 株主

⊙株式を購入した人たちのことを何というの？ ⇒株主

⊙5億円の資本で財やサービスを生産し、仮に会社の資産価値が100億円になったとする。株式（株券）1枚あたりの価値っていくらになるの？ ⇒1万円

⊙額面500円の株式が1万円の価値になったわけだ。でも、そもそも株主は、何か目的がなければ株式を購入しないよね。株主の目的は何？ ⇒配当

⊙株主は利潤の中から配当を得られるから出資するわけだ。さて、1万円の価値になった額面500円の株式、購入したいという人が現れたとする。500円では売らないよね。1万円でだったらどうかな。もしかしたら、もっと価値を生み出すかもしれないよね。例えば、1万1,000円でだったら売るかもしれないね。でもその後、会社の売り上げが落ち込むことだってある。そうすると、この株式の価格は下落することになる。株価が下落することで世界が大混乱に陥り、やがて戦争へと突き進んだこと、歴史で学んだよね。何というできごとだった？ ⇒世界恐慌

⊙世界恐慌に加え、バブル経済の崩壊も株価の暴落と連動していたんだよ。

3. 株主総会

⊙ところで、株主は年に1回ほど集まって話し合うんだけど、これを何という

の？　⇒株主総会

⊙株主総会では、決算を承認したり、経営陣を選任したりと、会社の重要事項を決定するんだけど、経営陣のことを何というの？　⇒取締役

⊙東日本大震災とそれに伴う福島第一原子力発電所での事故が起きた2011年、各電力会社における株主総会で、一部株主から「脱原発」が提案された。この提案、どうなったと思う？　⇒否決

⊙「脱原発」提案は、ことごとく否決されたんだ。「脱原発」を提案した株主の多くは個人株主で、保有している株式は多くない。例えば2011年3月31日現在、東京電力の筆頭株主は、日本トラスティ・サービス信託銀行で、5,796万株保有している。これに次ぐ第一生命や日本生命も5,000万株を超える株式を保有している。株主総会は一株一票制のため、大株主の意見が反映される。「脱原発」提案は、こうした大株主たちによって否決され、電力会社の議案だけが可決されたんだよ。

東京電力の大株主

	株主名	株式数 （万株）
1位	日本トラスティ・サービス信託銀行株式会社	5,796
2位	第一生命保険株式会社	5,500
3位	日本生命保険株式会社	5,280
4位	日本マスタートラスト信託銀行株式会社	4,795
5位	東京都	4,268

（2011年3月31日現在）

《山陰中央新報》2011年6月30日

生産する企業

　株式会社
　利潤を得たいが資本がない
　→株式の発行による資本金
　※500円の株式 × 100万枚 = 5億円で生産
　　　↓
　　株主（出資者）
　利潤100億円 ÷ 100万枚 = 1万円の価値
　→利潤の中から配当を得る
　　　↓
　　株主総会
　→取締役の決定
　※一株一票制のため
　　大株主の意見が反映

50 間接金融

1. 金融

◉株式会社について学んだけど、こうした企業経営には資金が必要だね。まとまった資金が手元になければ借りなければならない。資金を貸してくれるのが金融機関だ。どんな金融機関を知っているの？ ⇒山陰合同銀行、ゆうちょ銀行、JAバンクなど

◉この時間は、企業経営に欠かせない金融について学ぶことにするね。ところで、金融機関って一見すると財やサービスを作り出していないように思えるけど、どのようにして利益を得ているの？ ⇒貯蓄と貸しつけの利子率の差

◉貯蓄よりも貸しつけの利子率を高くすることで利益を得ているんだね。資金に余裕のある経済主体から資金を必要とする経済主体へと融通するので金融だね。金融機関がそうした仲立ちをしているので間接金融だ。

＊金融機関を仲立ちにする貯蓄と貸しつけを図示しながら説明してもよい。

2. 日本銀行

◉みんなの家庭には山陰合同銀行やゆうちょ銀行など、さまざまな金融機関の通帳があると思うけど、日本銀行の通帳ってあるかな？ ⇒ない

◉日本銀行は日本の中央銀行で、山陰合同銀行などの市中銀行とは違って、一般の人とは取り引きしないんだ。特別な役割が３つあるけど、どんな役割？ ⇒発券銀行、銀行の銀行、政府の銀行

◉日本銀行券を発行するらしいけど、日本銀行券って見たことあるかな。実は紙幣のことだよ。確かに日本銀行券って文字があるね。では硬貨はどうかな。硬貨には日本国と刻印されている。つまり硬貨は政府が発行している補助貨幣だ。

＊紙幣や硬貨を見せながら説明してもよい。

3. 金融政策

◉日本銀行は、この他にも経済の安定化を図るような役割も担っているんだよ。例えば不景気の場合、社会に流通している資金量を増やした方がいいの？減らした方がいいの？ ⇒増やした方がいい

◉資金量を増やすためには、利子は上げた方がいいの？ 下げた方がいいの？ ⇒下げた方がいい

◉資金を借りやすくするためには、利子は下げた方がいいよね。市中銀行の利子を下げるためには、市中銀行が日本銀行から資金を借りる時の利子率を下げる必要がある。この利子率を公定歩合っていうんだよ。また、市中銀行が

保有する国債っていうものを購入する。これを何というの？　⇒公開市場操作

⊙好景気の時は、これとは反対のことをするんだよ。こうした日本銀行による
経済の安定化を図る政策を何というの？　⇒金融政策

⊙日本銀行のトップを総裁っていうんだけ
ど、現在は黒田東彦（はるひこ）総裁だ。第２次安倍
内閣が発足して３か月後の2013年３月に
就任して以来、それまでとは異次元の金
融緩和を進めてきた。いわゆる「黒田バ
ズーカ」で、アベノミクスの最も重要な
政策の１つだ。具体的には、資金供給量
を２倍、国債保有額を２倍以上に増やす
ことで、２％の物価上昇率を達成すると
した。当初2015年度中にこの物価目標を
達成すると見通していたが、達成時期は
６度も先送りされ、2018年４月にはこの
目標が達成できないまま削除されてしま
ったんだよ。

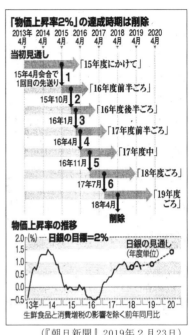

（『朝日新聞』2019年２月23日）

（『読売新聞』2013年４月５日）

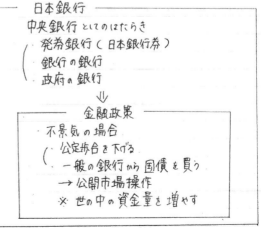

51 直接金融

1．バブル経済
⊙1987年、安田火災海上、現在の損保ジャパン日本興亜が、ゴッホの「ひまわり」を落札したことがあるんだけど、いくらだったと思う？ ⇒53億円
⊙1989年、三菱地所がマンハッタンの高層ビル群「ロックフェラーセンター」の管理会社の買収を決定したんだけど、いくらだったと思う？ ⇒2,200億円
＊ひまわりやロックフェラーセンターの写真を提示しながら問うのもよい。
⊙ロックフェラーセンターは、巨大なクリスマスツリーとともに、アメリカ人の心象風景の1つとされ、この買収は「アメリカの魂を買った」とアメリカ国内で批判された。当時の日本は「カネ余り」で、こうして国内外の土地などに投資したため、山手線内側の土地価格でアメリカ全土が買えるほどの高騰を招いた。このような景気を何というの？ ⇒バブル景気

2．株式による資金調達
⊙バブル経済の時期、土地とともに高騰したものがあるんだけど、何だと思う？ ⇒株式
⊙日本経済新聞社が作成している株価の水準を表す指標の1つに、日経平均株価というのがある。平成最後の営業日となった2019年4月26日、日経平均株価は2万2,258円だったけど、バブル景気で沸いた1989年12月29日の大納会で史上最高値を記録した。いくらだったと思う？ ⇒3万8,915円
⊙バブル景気の絶頂だったんだね。しかしその後、バブル景気が崩壊すると、2万円を割り込むことが多くなるようになり、1998年10月には1万2,879円、さらに2009年3月には7,054円と、崩壊後の最安値を記録した。1997年には、北海道拓殖銀行や山一証券が相次いで破綻するなど、日本経済は長期にわたって低迷した。いわゆる「失われた20年」だ。そうした中、経済のグローバル化もあって、個人や企業が直接資金を調達することも活発になってきた。金融機関を仲立ちとした金融を何というんだった？ ⇒間接金融
⊙株式への投資は、金融機関を仲立ちとしないため、間接金融に対して何というの？ ⇒直接金融
⊙株式を売買する場所のことを何というの？ ⇒証券取引所
⊙個人での株式への投資も増えてきたんだけど、株式の売買を仲立ちしたり、企業の株式発行をサポートしたりする会社を何というの？ ⇒証券会社

3．投資と投機
⊙株式会社について学んだけど、株主の目的って何だった？ ⇒配当

⊙もちろん配当は目的の１つだけど、株式を購入する目的はそれだけではない。単なる出資ではないんだよ。つまり株式への投資は、株式会社が作り出す財やサービスの内容、経営のあり方、社会的責任などについて、株主総会で検討したり、問いただしたりする。その事業に参加することを意味しているんだ。しかし一方で、株価は変動するので、売買の時期を工夫すれば利益を得られるよね。どんな時に買って、どんな時に売れば利益が得られるの？
　⇒安い時に買って高い時に売る
⊙そうした差額による利益のことを利ざやっていうんだけど、この獲得だけを目的にした売買も多いんだ。こうした売買を投資とは区別して何というの？
　⇒投機
⊙投機を目的としたマネーゲームは、株価が業績に関係なく変動するなど、危険性も多いんだよ。

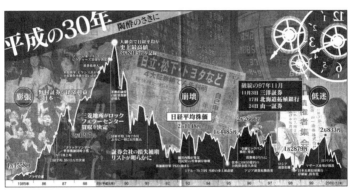

『日本経済新聞』2017年11月18日

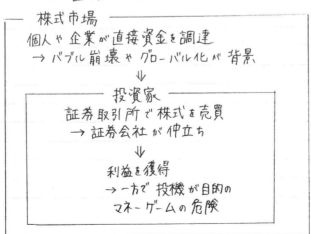

直接金融

├ 株式市場
　個人や企業が直接資金を調達
　→ バブル崩壊やグローバル化が背景
　　　　　⇓
　├ 投資家 ─
　証券取引所で株式を売買
　→ 証券会社が仲立ち
　　　　　⇓
　利益を獲得
　→ 一方で 投機が目的の
　　　マネーゲームの危険

52 政府の経済活動(1)

1.資源配分

⊙アクアス（島根県立しまね海洋館）に行ったことあるかな。アクアスの建設費って、いくらだと思う？ グラントワ（島根県芸術センター）は？ 萩・石見空港は？ ⇒約98億円、約168億円、約225億円

＊地域や学校の実情に合った社会資本について、写真を提示するのがよい。

⊙これらの施設には共通点があるけど、何だかわかる？ ⇒島根県が建設

⊙これらの施設のことを公共財っていうんだけど、建設費も巨額なため、民間では建設できないよね。だから地方公共団体も含めた政府が供給するんだ。建設費は何から支払われているの？ ⇒税金

⊙民間では供給できないものについて、政府が代わって供給し、地域間の資源の偏りをなくすという政府の役割を何というの？ ⇒資源配分

⊙これまで家計や企業の視点から経済活動を学んできたけど、この時間から政府による経済活動について学んでいくことにしよう。政府が提供する公共財は2つに分類されるけど、何と何？ ⇒社会資本と公共サービス

⊙アクアスやグラントワなどが社会資本にあたる。社会資本のことを別名で何というの？ ⇒公共施設

⊙公共サービスにはどんなものがあるの？ ⇒教育や福祉など

⊙ちなみに公立中学校の生徒1人あたりの教育費の負担額って、1年間でどのくらいだと思う？ ⇒約102万円（2015年度）

2.所得税と消費税

⊙こうした社会資本や公共サービスを支えているのが税金だったね。税金にはさまざまな種類があるけど、どんな税金を知っているの？ ⇒消費税、町民税など

⊙さまざまな種類がある中で、ぜひ知っておいてほしい税金をまずは2つほど紹介するね。1つは所得税だ。これは個人の所得に対して課税されるものだよ。

⊙ところで税金というのは、どこに納めるかによって2つに分類されるんだ。国に納める税金は何？ 地方公共団体に納める税金は何？ ⇒国税、地方税

⊙もう1つ、誰が納めるかによっても2つに分類されるんだ。税を負担する人が直接納める税金は何？ 税を負担する人が別の人を経て納める税金は何？ ⇒直接税、間接税

⊙こういう分類でいうと、所得税は国税で、しかも直接税の1つだ。所得税は、所得が高い人ほど税率が高くなるしくみになっているけど、これを何というの？ ⇒累進課税

⊙累進課税は、所得の極端な格差を調整しているけど、財政のこうした役割を何というの？　⇒所得の再分配

⊙もう１つ紹介したいのは消費税だ。例えばコンビニなどで消費税を支払うよね。この場合、消費税を負担しているのは消費者だ。しかし、実際に消費税を納めるのはコンビニなどだよね。だから消費税は間接税の１つだね。消費税の税率は一律で平等な感じもするけど、実際には所得が低い人ほど所得に占める負担率が高いという課題もある。だから消費税率が引き上げられると景気が落ち込む。安倍首相は、民主党、自民党、公明党で３党合意していた2015年10月の消費税10％への引き上げについて、2017年４月、さらには2019年10月と、２度にわたって延期した。2019年10月の引き上げでは、キャッシュレス決済でのポイント還元があるそうだけど、景気の落ち込みはどうなるかな。

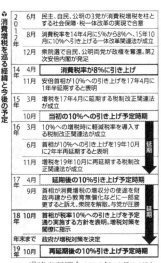

（『読売新聞』2018年10月14日）

（『読売新聞』2018年10月16日）

政府の経済活動（１）

資源配分

政府が提供する公共財

- 社会資本（公共施設）
  → 国道、体育館など
- 公共サービス
  → 教育・福祉など

⇓

税金

所得税（直接税の１つ）
　→ 所得が高い人ほど税率が
　　高い累進課税（所得の再分配）
消費税（間接税の１つ）
　→ 所得の低い人ほど負担が多い

53 政府の経済活動(2)

1．少子高齢社会

◎地方自治のところで学んだけど、行政による支出のことを何というか覚えてる？　⇒歳出

◎国の歳出の中で、最も割合が高い項目って何だと思う？　⇒社会保障関係費

◎社会保障への支出は、2018年度の当初予算で約33兆円、33.7%を占める。

◎こんなに社会保障への支出が膨らむのはなぜ？　⇒少子高齢社会

◎日本の高齢化率って何%なの？　⇒28.1%（2018年）

◎現役世代は、高齢者のくらしを医療や福祉などで支えないといけないよね。高齢化率がはじめて10%を超えた1984年、高齢者1人につき現役世代6.8人で支えればよかった。いわば「胴上げ型」だ。2014年現在、どうなるかというと現役世代2.4人で支えるようになった。「騎馬戦型」だ。やがてどうなるかな。2060年の推計値だけど、現役世代何人で支えるようになると思う？　⇒1.3人

◎ほぼ現役世代1人で支えるようになる「肩車型」だ。これは苦しそうだね。

2．税制

◎こうした少子高齢社会を背景に、税制「改正」が実施されているんだよ。消費税は、2度の延期の後、2019年10月に10%へと増税されたね。所得税はどうかな。所得税の最高税率は1986年に88%だったものが、1999年に50%、2015年には45%にまで引き下げられている。高額納税者、つまり富裕層については減税だね。2018年度の当初予算における税収は59兆円あまりだ。このうち所得税が19兆200億円で32.2%、消費税が17兆5,580億円で29.7%を占める。次に多いのは何だと思う？　⇒法人税

◎法人税は12兆1,670億円で20.6%だ。この3つの税収だけで全体の82.5を占める。法人税というのは、法的に人とみなした企業の利益に対して課される税金のことだよ。法人税は増税か減税か、どちらだと思う？　⇒減税

◎少子高齢社会に伴って財政が深刻になる中、なぜ法人税を減税するの？
　　⇒経済の活性化など

＊法人税の減税理由については、グループで話し合わせてもよい。

◎2014年度における日本の法人税は34.62%だった。中国の25%、韓国の24.2%と比較すると、税率が高いよね。企業からすると法人税率の低い国や地域の方がメリットがあるので、そうした国や地域に進出したい。日本も他のアジアの国や地域並みに税率を下げて経済を活性化した方がいいという声が以前からあったため、2018年度からは税率を29.74%に下げたんだ。そして3

%の高い賃上げを実施するなど条件をクリアすれば25%程度、さらにはAIなどの先進技術に投資すれば20%程度の減税措置が適用となった。法人税を減税してほしい人たちって誰かというと、企業の経営者だよね。日本には経済界の意見を集約して、経済政策の提言をまとめ、政府に実現を迫る経済団体が３つほどあるんだけど、このうち大企業を中心に約1,300社が加盟する団体を何というか知ってる？ ⇒日本経済団体連合会（以下、経団連）

⊙2014年６月、経団連の榊原定征（さかきばらさだゆき）会長は甘利明（あまりあきら）経済財政政策担当大臣と会談し、法人税の実質減税を要請した。その後、政府や与党は法人税を減税する方針を固めることになる。なぜ経団連が要請すると、経済政策に反映されるのだろうか。経団連は会員企業に政治献金を呼びかけていて、与党である自民党系の国民政治協会にはトヨタ自動車などが多額の献金をしている。戦後長く経団連と自民党の関係は「カネも出すが口も出す」というのが常だったんだ。

（『読売新聞』2014年６月19日）

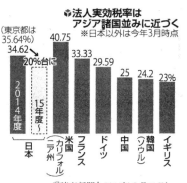

（『読売新聞』2014年６月11日）

■国民政治協会（自民党系）への主な企業の献金金額（2014年）

トヨタ自動車	6440万円
キャノン	4000万円
東レ	4000万円
住友化学	3600万円
新日鉄住金	3500万円
東芝	2850万円
三菱自動車	2000万円

（『朝日新聞』2016年10月12日）

政府の経済活動 (2)

── 少子高齢社会
世界一の高齢化率 28.1% (2018)
　→やがて「肩車型」の社会
　※ 社会保障への支出 33兆円 (33.7%)
　　　↓
　　　税制
消費税の増税 (8 → 10%) を再延期 (2016)
　→ 2019年10月に増税
　　　↓
　一方で法人税は減税
　　→ 経団連からの要請
　　※ 政権与党への政治献金

法人税 → 企業が払う

54 政府の経済活動(3)

1.財政

⦿行政による収入と支出のことを何というの？ ⇒歳入と歳出

⦿政府が歳入を得て歳出する活動を何というの？ ⇒財政

⦿これまで税に視点をあてて学んできたけど、この時間は税も含めた財政について学んでいくことにしよう。ところで、一般会計の国家予算って1年でいくらくらいだと思う？ ⇒約101兆円（2019年度）

⦿2019年度、はじめて100兆円を超えたんだ。歳出の中で、最も割合が高い項目って何だった？ ⇒社会保障関係費

⦿社会保障関係費が34兆円を超え、33.6%を占めている。次に割合が高い項目って何だと思う？ ⇒国債費

⦿次に国債費が23兆5,082億円で、23.2%を占める。国債費って何かわかる？ ⇒借金の返済

⦿国債については、また後で説明するけど、23兆円あまりを借金の返済に充てているんだよ。

2.国債

⦿では歳入について確認してみよう。歳入で最も割合が高い項目って何かわかる？ ⇒税収

⦿それは当然、税金による収入だよね。2019年度は税収が過去最大の62兆4,950億円、61.6%を占めると予想されている。ただ、税収が62兆円あまりでは、約101兆円の国家予算をまかなうことができないよね。だから何かで補うんだけど、何で補うの？ ⇒国債発行

⦿32.2%にあたる32兆6,598億円を国債発行で補っている。国債というのは、日本政府が資金調達のために発行するもので、投資家は日本政府に資金を貸し出すことになる。つまり2019年度だけで、一部の国民である投資家に32兆円あまりのお金を借金していることになるよね。もう少しわかりやすく「ロックバンド THE アベンチャーズのやりくり」で説明しよう。THE アベンチャーズは、235万円の借金返済があるのに、新たに326万円もの借金をしている。これではTHE アベンチャーズの懐具合は火の車だ。しかも、借金の返済よりも新たな借金の額が多いということは、何を意味しているの？ ⇒国債残高が増える

＊毎年12月末、来年度の政府予算案が決定されるが、新聞には時の政府の家計などに見立ててわかりやすく解説しているので、これを利用するのもよい。

⊙こうしたことを続けていけば、累積した国債残高が膨大な額になっていくよね。戦後はじめて国債を発行したのはいつだと思う？ ⇒1965年

⊙東京オリンピックが開催された翌年の1965年だ。オリンピックまでは建設ラッシュが続いたんだけど、これが終わると反動で不況に陥った。税収の落ち込みに対応するため、禁じ手であった国債発行に踏み切った。国債の金額はいくらだったと思う？ ⇒2,590億円

⊙最初の金額はそう大きなものではなかった。しかし、その後積み重なっていく。現在、国債と地方債の合計残高っていくらだと思う？ ⇒約1,108兆円（2018年）

⊙約1,108兆円の公債残高ってことは、国民1人あたりに換算すると、1,000万円近い金額を一部の国民に借金していることになるね。そんな借金、簡単には返済できないよね。政府は巨額の借金を減らすために公営事業の民営化などを実施していたね。こうした改革を何というの？ ⇒財政構造改革

⊙それでも積み重なった国債残高は増えるばかりだ。どうしたらいいのかな。

（『山陰中央新報』2018年12月22日）

政府の経済活動 (3)

財政
政府が歳入を得て歳出する活動
→ 一般会計予算案 101兆円 (2019)
※ 社会保障費 (33.6 %) や 国債費 (23.2 %)
などに歳出
　　　⇓
　　歳入
税収 (61.1 %) だけでは 不足するため
国債発行 (32.2 %)
　→ 国債と地方債の残高 1108兆円
　
　財政構造改革
　　→ 公営事業の民営化など

保育さん　厚生労働省
幼稚さん　文部科学省

55 政府の経済活動(4)

1.経済の安定化

⊙政府の経済活動について学んでいるけど、最後に政府による景気の調節について考えていくことにしよう。財やサービスが売れ、企業の生産が増加し、労働者の賃金が上昇する時期のことを何というの？ またそれとは逆に、財やサービスが売れず、企業の生産が減少し、労働者の賃金が下落する時期のことを何というの？ ⇒好景気（好況）、不景気（不況）

⊙好景気から不景気へ、不景気から好景気へ向かうことを、それぞれ何というの？ ⇒景気後退、景気回復

⊙好景気と不景気をくり返すことを何というの？ ⇒景気循環

⊙好景気の時に物価が上昇し続けること、不景気の時に物価が下落し続けることを、それぞれ何というの？ ⇒インフレーション（インフレ）、デフレーション（デフレ）

＊景気循環については、穴埋め問題に取り組ませた後、確認させてもよい。

⊙景気循環の大きな変動に対し、政府が日本銀行と協調しながら景気を調節して安定させる役割を何というの？ ⇒経済の安定化

⊙具体的にはどんなことをするのかな。例えば不景気の時、政府がどんなことをしたのか、歴史で学んだことで覚えていることないかな？ ⇒ニューディール政策

⊙世界恐慌の時に、アメリカではルーズベルト大統領によってニューディール政策が実施されたよね。テネシー川にダムを建設することで雇用を増やそうとした。不景気の時、政府はこうした公共事業を実施したり、減税したりすることがあるんだ。こうした政府による政策を何というの？ ⇒財政政策

2.GDP

⊙政府は経済の安定化を図る一方、経済成長もめざしているんだよ。そういえば1960年頃から、日本経済は急成長したけど、このことを何というの？
　⇒高度経済成長

⊙1960年、所得倍増計画が閣議決定されたけど、この時の首相って誰だった？
　⇒池田勇人元首相

⊙高度経済成長の頃、前年と比べた経済成長率が高い水準で続いたんだ。経済成長率を測る時、経済の大きさを測るものさしがいるんだけど、地理で学んだこのものさし、何というか覚えてる？ ⇒国内総生産（GDP）

⊙１年間に新たに生み出される財やサービスの付加価値を合計したものがGDP

だ。付加価値というのは価格から原材料費などの費用を差し引いたもののことだよ。世界のGDPランキング、1位ってどこの国だった？ ⇒アメリカ

⊙アメリカに次いで2位は？ 3位は？ ⇒中国、日本

⊙日本は長らく世界第2位の経済大国だったが、2010年に中国に逆転されたね。さらにドイツなどの国が続く。GDPが増加することが経済成長で、「経済成長は、家計の所得や企業の利益を増加させるので、人々の生活をより豊かにするものと考えられています。」って教科書にもあるよね。経済成長すると、人々の生活がより豊かになるって本当かな。2014年に国連開発計画が発表した「生活の豊かさ」ランキング、1位ってどこだと思う？ ⇒ノルウェー

⊙1位ノルウェー、2位オーストラリア、3位スイスの順番だ。アメリカ5位、日本17位、中国にいたっては91位だよ。豊かさって、GDPの大きさとは必ずしも一致しないんじゃないかな。

2014年版「豊かさ」ランキング		
1位	ノルウェー	
2位	オーストラリア	
3位	スイス	
4位	オランダ	
5位	米国	
15位	香港	
	韓国	
17位	日本	
57位	ロシア	
91位	中国	
187位	ニジェール	

「豊かさ」日本17位

国連の2014年報告

国連開発計画（UNDP）の2014年版「人間開発報告書」が24日発表され、平均余命や教育水準、所得などのデータを基にした「生活の豊かさ」で、日本は17位だった。前年の16位（発表時は10位。その後修正）から順位を下げたものの、報告書は東日本大震災を経験した日本などを参照し、災害に強い社会整備の必要性を強調した。都内で行われた発表会見に出席した安倍首相は「我が国は防災分野でリーダーシップを発揮していく」と述べた。

「生活の豊かさ」の上位3か国はノルウェー、オーストラリア、スイスで、主要国では米国5位、ロシア57位、中国が91位だった。

（『読売新聞』2014年7月25日）

政府の経済活動 (4)

経済の安定化
財政政策
→ 不況時、減税や公共事業を実施
※ ニューディール政策
⇓
国内総生産（GDP）
付加価値を合計したもの
→GDPの増加が経済成長
⇓
豊かさ
→ 必ずしもGDPの
大きさと一致しない

GDP
① アメリカ
② 中国
③ 日本
④ ドイツ

56 労働環境(1)

1. 雇用

⊙この時間から、みんなの近未来について考えていくことにしたい。想定しているのは10年後あたりだ。10年後、みんなはどこで何をしているかな。高校や大学を卒業し、働いている人が多いんじゃないかなと思うんだけど、そんな近未来を想像しながら労働環境について考えていこう。

⊙バブル経済が崩壊すると、日本経済は長期にわたって低迷したことはすでに学んだよね。いわゆる「失われた20年」だね。企業はなかなか業績が回復しないため、従業員を解雇するリストラを断行することでこうした経済状況を乗り切ろうとした。

2. 非正規雇用

⊙雇用形態には2つのタイプがあるんだけど、何と何か知ってる? ⇒正規雇用と非正規雇用

⊙まずは非正規雇用について考えてみたいんだけど、非正規雇用ってどんな働き方があるの? ⇒パート、アルバイト、派遣など

⊙パートは主婦、アルバイトは学生というようなニュアンスがあると思うけど、この2つに基本的な働き方のちがいはないんだよ。少しわかりにくいのが派遣という働き方だ。以前、新聞の折り込み広告に、こんな求人広告があったことを覚えているよ。広告を出したのは、仙台市に本部を置く会社だ。1つは三重県亀山市での液晶パネル製造装置のメンテナンスなど、もう1つは広島県海田町での自動車シートの製造だ。まったく違う仕事内容だったので「変だな」って思ったんだよね。三重県亀山市の液晶パネルって聞いて思い出すことない? ⇒シャープ

⊙おそらく亀山モデルのシャープだよね。みんなの家のテレビ、もしかしたら亀山モデルだったりするかもしれないね。広島県海田町での自動車シートって聞いて思い出すことない? ⇒マツダ

⊙おそらくマツダ関連の工場だよね。これまでの一般的な働き方は、例えばシャープと労働者との間で、直接指揮命令関係や雇用関係があったんだけど、近年これとは違う派遣という働き方が広がってきた。派遣労働者は、例えば仙台市に本部を置く会社と雇用関係を結び、シャープに派遣されることでシャープとの間に指揮命令関係ができる。1995年に20.9%だった非正規雇用は、2017年には何%になっていると思う? ⇒37.3%

⊙非正規雇用で働く人は2,100万人を超え、37.3%にもなるんだ。どうして非

正規雇用が増えんだろうか？　⇒景気の調整弁

⊙非正規雇用は雇用期間が限られているため、景気によっては雇用を延長しないようにすることができるんだ。「失われた20年」の中で、非正規雇用が景気の調整弁としての役割を担わされているんだよね。正規雇用と非正規雇用って、雇用期間の他にどんなことに違いがあるんだろうか？　⇒給与など

⊙厚生労働省が発表した2016年の賃金構造基本統計調査によると、正規雇用の平均月給が32万1,700円に対し、非正規雇用は21万1,800円で、正規雇用の7割にも満たない状況だ。生涯獲得賃金で比較すると、非正規雇用は昇給もなかったりするので、格差はもっと広がるよね。所得が低いほど未婚率が高くなるほか、第1子の出産年齢も高くなる傾向にあるみたいだよ。第1子の出産年齢が高くなれば、どんなことが加速してくるの？　⇒少子化

⊙少子化で子どもの数がますます減ってくるよね。さらに所得が低い人たちが増えるってことは、所得税による税収が減ることにもなるなど、課題も多そうだね。

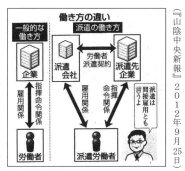

《山陰中央新報》2012年9月25日

《山陰中央新報》2014年12月27日

労働環境 (1)

雇用

バブル崩壊後「失われた20年」
→ リストラの増加
⇓
非正規雇用
パート. アルバイト. 派遣 など 37.3% (2017)
→ 平均月給 (2016)
※ 正規 32万円、非正規 21万円
⇓
高い未婚率や第1子出産年齢
→ 少子化の加速や 税収の減少

57 労働環境(2)

1.ワーキングプア

⊙みんなの近未来を想定しながら労働環境について考えているよね。近年、働いても収入が低く、ギリギリの生活を強いられる働く貧困層が増えているんだけど、こうした働く貧困層のことを何というか知ってる？ ⇒ワーキングプア

⊙いわゆる「失われた20年」を背景に、なかなか業績が回復しない企業は、非正規雇用を増やすことでこうした経済状況を乗り切ろうとしたんだよね。正規雇用と非正規雇用の違いは雇用期間の他に何があったの？ ⇒給与など

⊙雇用期間や給与など、「失われた20年」のツケを個々の労働者が負わされた結果、ワーキングプアが増えてきたんだね。近年、労働力不足を背景に、大学新卒者の就職は「売り手市場」のようだけど、必ずしも企業と新卒者とのマッチングはうまくいっているわけではなさそうだ。2012年の春に大学を卒業した約56万人に対して、ほぼ同数の正規雇用の求人があった。このうち正規雇用で就職しなかったのは何人くらいだと思う？ ⇒約20万人

⊙新卒者は大企業志向が強く、約20万人分の求人の多くが中小企業だったため、正規雇用で就職しなかった。2009年には、卒業できるのに意中の企業からの内定が得られなかったために留年する、いわゆる就職留年の学生たちが急増した。大学を卒業した既卒者よりも、大学を卒業する新卒者の方が就職に有利だとの判断から留年するんだけど、この就職留年って何人くらいいたと思う？ ⇒約7万9,000人

⊙ワーキングプアが増えれば、その影響は誰にしわ寄せがあると思う？ ⇒子ども

⊙平均的な所得の半分を下回る世帯でくらす18歳未満の子どもの割合を示す数値が、子どもの貧困率だよ。2012年、この子どもの貧困率は何%だと思う？ ⇒16.3%

⊙2012年における子どもの貧困率は16.3%で、過去最悪を更新した。

2.「改正」労働者派遣法

⊙ワーキングプアが増えた背景には、やはり非正規雇用の増加があるんだけど、どうして非正規雇用が増えたんだっけ？ ⇒景気の調整弁

⊙「失われた20年」の中で、非正規雇用が景気の調整弁としての役割を担わされていたんだよね。ただ、企業が勝手に正規雇用を減らして、非正規雇用を増やすことは容易にできない。ここには経済政策を政府に提言する、あの経済団体の存在があるんだけど、何というか覚えてる？ ⇒経団連

⊙バブル経済崩壊後の1995年、当時の日経連、現在の経団連が、「新時代の日

本的経営」を提言した。これから従業員について、「長期蓄積能力活用型」や「雇用柔軟型」などに分化が進み、雇用が流動化すると指摘したんだ。「長期蓄積能力活用型」が正規雇用、「雇用柔軟型」が非正規雇用になるんだけど、人件費を抑えたい企業としては、景気の調整弁としての非正規雇用を必要としたんだろうね。こうした提言もあって、1999年に「改正」労働者派遣法が施行される。港湾運送、建設、警備などを除いて、派遣による働き方が原則自由化された。さらに2003年には製造業にも派遣が解禁され、ものづくりの現場でも非正規雇用が急増する。

＊非正規雇用については、ワーキングプアなど、マイナスの側面をクローズアップさせて取り上げることが多い。しかし、正規雇用よりもフリーなことも多く、こうしたプラスの側面を理由に、あえて非正規雇用を選んだ若者の姿を取り上げることも考えたい。

新卒20万人 正社員なれず

『読売新聞』2016年11月7日

内閣府推計

今春卒業した大学生約56万人について、同じ約56万人分の正社員の求人があったものの、就職したのは約36万人で、約20万人が正社員として就職していなかったことが6日、内閣府の推計でわかった。就職につながらなかった約20万人分の求人の多くは中小企業といい、根強い学生の大企業志向が、中小企業への就職に結びつかないミスマッチを引き起こしている実態が浮かび上がった。

推計は、6日に開かれた若者の雇用問題について政府や労使の代表らが議論する厚生労働省などの協議会で報告された。

ワーキングプアをめぐる動き

1995年	日経連(当時)の報告書が「長期蓄積能力活用型」「雇用柔軟型」などに従業員が分かれ、雇用の流動化が進むと指摘
99年	労働者派遣の対象業務が原則自由化
2002年	年平均の完全失業率が5.4%で過去最悪
03年	パートら有期雇用の契約可能な上限期間が1年から3年に延長。雇用者に占める非正社員の割合が3割を突破
06年	格差拡大が社会問題に。小泉純一郎首相(当時)は「格差はどの国、どの時代でもある」と発言
07年	厚生労働省が日雇い派遣や「ネットカフェ難民」の実態調査

(『山陰中央新報』2008年1月15日)

労働環境 (2)

　ワーキングプア
　新卒20万人が 正規雇用になれない (2011)
　　→ 就職留年7万9000人 (2009)
　　※ 子どもの貧困率 16.3% (2012)
　　　　⇓
　　日経連(現在の経団連)
　「新時代の日本的経営」を提言 (1995)
　　→ 人件費を抑えたい企業
　　　　⇓
　「改正」労働者派遣法 (1999)
　　→ 派遣の原則自由化

58 労働環境(3)

1. 正規雇用

◎いくつかの英単語を紹介するけど、日本語の意味は何だろう？ ⇒sushi（寿司）、cosplay（コスプレ）、emoji（絵文字）

◎これらの英単語って、共通することがあるけど、何かわかる？ ⇒英語になった日本語

◎ではもう１つ、この英単語わかるかな？ ⇒karoshi（過労死）

◎karoshiも英語になった日本語なんだね。過労死ってどういうこと？ ⇒長時間労働によって急激な体調の悪化に伴う突然死

◎長時間労働が死に至ることがあるんだね。日本人ってそんなに働きすぎなんだろうか。この時間は長時間労働や過労死について考えていくことにするよ。非正規雇用が増加していく背景については学んだけど、それまでの日本社会は多くの労働者が正規雇用だった。正規雇用の場合、就職してから定年まで同一の企業で働く雇用形態が一般的なんだけど、これを何というの？ ⇒終身雇用

◎終身雇用と同時に、年齢とともに賃金が上がっていく賃金体系が採用されてきたんだけど、これを何というの？ ⇒年功序列賃金

◎終身雇用と年功序列賃金がキーワードの正規雇用なんだけど、その数が絞り込まれる中で長時間労働を負わされているのが実態のようだ。労働時間が週49時間以上の労働者の割合は、ヨーロッパの先進国が軒並み10％前後、アメリカが16.6％なのに対し、日本は何％なの？ ⇒21.3％（2014年）

◎やはり日本は働きすぎのようだね。

2. 過労死

◎過労死は労働災害の１つで、認定される目安として使っている基準がある。これが「過労死ライン」だよ。この「過労死ライン」は残業時間に視点をあてているんだけど、「発症前１か月間に100時間」、「発症前２〜６か月間で月あたり80時間超」というのが基準だ。厚生労働省が公表した報告書によると、2014年度に社員の残業時間が80時間を超えた企業って何％くらいあると思う？ ⇒22.7％

◎22.7％の企業が「過労死ライン」を超えているんだけど、さらに残業時間が100時間を超えている企業も11.9％になる。こうした労働時間が続くことで過労死が誘発されるんだけど、具体的に考えてみよう。紹介したいのは、トヨタ自動車に勤務していた内野健一さんだ。内野さんは、2002年２月９日午前４時20分頃、堤工場内で致死性不整脈による心停止で死亡した。妻の博子

さんと長女（３歳）、長男（１歳）を遺し、30歳という若さだった。博子さんは死因が過労であることを疑い、亡くなる直前の残業時間を調べはじめます。博子さんが調べたのは、過労を心配してカレンダーにつけていた帰宅時間や健一さんが帰宅前にかけた電話の通話記録などだ。その後、博子さんと工場の人事担当者は話し合いを重ね、死亡直前の１か月間の残業時間を114時間２分と導き出した。過労死は労働災害なので、労働基準監督署に申請し、認定されなければならない。ところがこの時、豊田労働基準監督署はこの申請を退けたんだ。根拠は会社が提出した勤務表だった。残業時間はどのくらいだったと思う？　⇒45時間35分

◎この残業時間では過労死と認定されないよね。2005年７月、納得できない博子さんは、労働基準監督署を管轄する国などを相手に行政裁判に訴えた。そして2007年11月30日、名古屋地裁での判決は、死亡直前の1か月前の残業時間を106時間45分であるとし、死亡が過労によるものと認定した。その後、国などの側は控訴を断念し、判決が確定した。

長時間労働者の割合
労働時間が週49時間以上の働き手の割合（2014年）
（労働政策研究・研修機構まとめ。『朝日新聞』2016年11月29日）

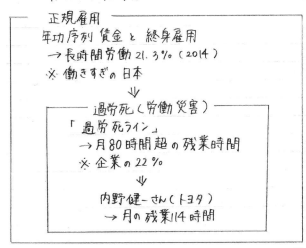

労働環境（3）

　正規雇用
年功序列 賃金 と 終身雇用
→長時間労働 21.3％（2014）
※働きすぎの日本
⇓
過労死（労働災害）
「過労死ライン」
→月80時間超の残業時間
※企業の22％
⇓
内野健一さん（トヨタ）
→月の残業114時間

59 労働環境(4)

1. 過労自殺

⊙過労死について学んでいるけど、内野健一さんのケースを見ても、認定ってなかなか簡単なことではなかったよね。この時間は、長時間労働の結果、自ら命を絶ってしまった過労自殺について考えてみたい。過労自殺って、過労死として認定されると思う？ ⇒思うor思わない

⊙厚生労働省によると、2015年度に過労死で労働災害に認定された人は96人、未遂を含む過労自殺による労働災害に認定された人は93人だ。近年の認定件数は200件前後で高止まりしている。このうち広告大手の電通に勤務していた、高橋まつりさんの過労自殺を通して考えてみたい。2015年4月、大学を卒業した高橋さんは電通に入社した。インターネット広告を担当するデジタル・アカウント部に配属され、10月以降業務が大幅に増えたという。そして12月25日のクリスマスの日、住んでいた電通の寮で自殺した。三田労働基準監督署が認定した1か月の残業時間は約105時間で、遺族側の集計では130時間に達することもあったという。特に10月26日の勤務時間は、午前6時5分から翌27日の午後2時44分まで続き、「弱音の域ではなくて、かなり体調がやばすぎて、倒れそう…」などとSNSでメッセージを発信している。娘を失った母親の幸美さんは、命日となる2016年12月25日に手記を公表したので、この手記を読んでみるね。みんなはどんなことを感じるかな

> まつりの命日を迎えました。
> 去年の12月25日クリスマス・イルミネーションできらきらしている東京の街を走って、警察署へ向かいました。嘘であってほしいと思いながら…。前日までは大好きな娘が暮らしている、大好きな東京でした。
> あの日から私の時は止まり、未来も希望も失われてしまいました。息をするのも苦しい毎日でした。朝目覚めたら全て夢であってほしいと、いまも思い続けています。
> まつりは、あの日どんなに辛かったか。人生の最後の数か月がどんなに苦しかったか。
> まつりはずっと頑張ってきました。就職活動のエントリーシートの自己PRの欄に、「逆境に対するストレスに強い」と書いていました。自分が困難な境遇にあっても絶望せずあきらめないで生きてきたからです。10歳の時に中学受験をすることを自分で決めた時から、夢に向かって努力し続けてきました。
> 凡才の私には娘を手助けできることは少なく、周囲の沢山の人が娘を応援してくれました。娘は、地域格差・教育格差・所得格差に時にはくじけそうになりな

がらも努力を続け、大学を卒業し就職しました。

　電通に入ってからも、期待に応えようと手を抜くことなく仕事を続けたのだと思います。その結果、正常な判断ができないほどに追い詰められたのでしょう。あの時私が会社を辞めるようにもっと強く言えば良かった。母親なのにどうして娘を助けられなかったのか。後悔しかありません。

　私の本当の望みは娘が生きていてくれることです。

　まつりの死によって、世の中が大きく動いています。まつりの死が、日本の働き方を変えることに影響を与えているとしたら、まつりの24年間の生涯が日本を揺るがしたとしたら、それは、まつり自身の力かもしれないと思います。でも、まつりは、生きて社会に貢献できることを目指していたのです。そう思うと悲しくて悔しくてなりません。

　人は、自分や家族の幸せのために、働いているのだと思います。仕事のために不幸になったり、命を落とすことはあってはなりません。

　まつりは、毎晩遅くまで皆が働いている職場の異常さを指して、「会社の深夜の仕事が、東京の夜景をつくっている」と話していました。まつりの死は長時間労働が原因であると認定された後になって、会社は、夜10時以降消灯をしているとのことですが、決して見せかけではなく、本当の改革、労働環境の改革を実行してもらいたいと思います。

　形のうえで制度をつくっても、人間の心が変わらなければ改革は実行できません。

　会社の役員や管理職の方々は、まつりの死に対して、心から反省をして、二度と犠牲者が出ないよう、決意していただきたいと思います。

　そして社員全ての人が、伝統を重んじることに囚（とら）われることなく、改善に向かって欲しいと思います。

　日本の働く人全ての人の意識が変わって欲しいと思います。

（『朝日新聞』2016年12月25日）

2．労働組合

⦿過労死や過労自殺を防ぐために、どうしたらいいのかな。

＊過労死や過労自殺の防止について、グループで話し合わせてもよい。

⦿課題解決の手がかりの１つが労働組合ではないかと思うんだ。以前学んだんだけど、労働者たちが労働組合を結成する権利、これを何というの？
　⇒団結権

⦿労働組合は、企業側と交渉する権利が認められているんだけど、これを何というの？　⇒団体交渉権

⦿労働三権は、団結権、団体交渉権と、あと１つは何だった？　⇒団体行動権

⊙労働組合に関わって、1995年に高橋さんと同じ24歳という若さで過労自殺した、木谷公治さんのケースも紹介しておきたい。木谷さんは大学卒業後、ふるさとの広島にあるオタフクソースに就職する。しばらくして、木谷さんは一般の規格品を製造するのではなく、得意先ごとにレシピが違う特注ソースの製造部門に配属された。1日の職場での拘束時間は15〜16時間、しかも夏場には製造現場は60℃以上になるのだそうだ。こうした過酷な労働実態の中で、木谷さんは工場内で自殺する。息子のようすを間近で見ていた母の照子さんは、「過労死のない社会に変えていきたい」と立ち上がったんだ。労働実態があまりに過酷だったことに加え、照子さんたちの運動が全国へ広がったこと、超党派の国会議員が動いたことなどにより、当時としては異例の1年9か月というスピードで過労自殺による労働災害に認定された。その後、会社の安全配慮義務違反など、企業責任を問う裁判でも、会社側に全面勝訴する。友人や親戚に加え、労働組合の支援を受けたことも力になったようだ。照子さんは「息子の職場にまともな労働組合があったら、この事件は防ぐことができた。」と労働組合の必要性と役割を強調しているんだ。ただ一方で、労働組合については課題もある。労働組合に加入する人の割合を労働組合組織率っていうんだけど、これが近年低下傾向にあり、20%を割り込んでいる。

⊙さて、10年後あたりの近未来を想像しながら労働環境について考えてきたけど、みんなはどんなことを感じたかな。

労働環境（4）

過労自殺
高橋まりさん（電通）
→ 2015年のクリスマスに過労自殺
※ 遺族側の集計で月130時間の残業
⇓
労働組合
企業との交渉を担う
→ 一方で加入者は減少
⇓
木谷公治さん（オタフク）
→ 1年9か月で労災認定
※ 労働組合の運動の成果

3. 生徒の感想 （2016年度）

◎労働環境についての授業を通して、これから自分たちはどうしていったらいいのだろうかと思いました。学歴が大切な社会だからと、大学に入学したとしても就職できるのかどうかわからない状態というのは、本当に学歴というものに意味があるのだろうかという疑問が浮かびました。仮に就職できたとしても、給料が安定しなかったり、急に仕事がなくなったりする可能性だってあります。そうした状況の中で、みんなが一生懸命働くことができるのだろうかと思います。人件費は、日本人よりも、アジアなど海外の人の方が安くて済むので、日本人の雇用はこれからも減っていくと思います。そうした雇用状況の中で、これから将来を生きていかなければならない私たちに、本当に仕事はあるのでしょうか。とても将来に不安がつのりますが、自分は自分にできることだけだと思います。政府が掲げる「総活躍社会」に期待したいです。

◎正規雇用と非正規雇用について学習する前、私は絶対に正規雇用の方がいいと思っていました。しかし、学習していくうちに、正規雇用と非正規雇用には、それぞれに問題があることを知り、たいへんであることがわかりました。私はやはり、将来正規雇用で働きたいと思いました。その理由は、もし私が非正規雇用で働いたとしたら、正規雇用の人よりもどれだけがんばったとしても、正規雇用の人より給料が低いというのに、絶対に納得いかないと思うからです。しかし、授業の中で学習したように、過労死などの問題もありました。私は過労死になる前にその仕事をやめるなど、過労死にならないように、自分で自分をストップできると思っています。

◎労働環境について学習して、なぜ日本の労働者たちは過労死するまで働くのだろうかと思いました。ブラック企業といわれる会社があったり、日本の景気がなかなかよくならなかったりするので、過労死がなくならないのだと思います。私たちの社会で、過労死によって身内が亡くなれば、どのような感情をいだくのでしょうか。過労死の他にも、非正規労働者のことを学びました。高校を中退しているため、アルバイトにさえ就けない人の姿を映像で見ました。その映像を見ていて、働くことがここまで難しいのは、おかしなことだと思いました。それと同時に、将来に不安を覚えました。これからの日本を担う若者が、自分と同じような不安を抱えていれば、それは悲しいことだと思います。私は将来、教員になろうと思っています。しかし、このままの状況が続けば、私や私の周りにいる人たちが危険な状態になる恐れがあります。そうならないためにも、日本がよくなることを祈ります。

◎授業で労働環境について学習して、残業をやりすぎたことで、自ら命を絶つ人がいるということを、はじめて知りました。以前からそういう過労自殺があるにもかかわらず、今でもそういうことが続いていることは、おかしいと思いました。こうした過労をなくすためにも、1人に大量の仕事を課すのではなく、複数で分担した方がいいと思いました。仕事にかかる時間も少なくなり、1人にかかる負担も軽くなると思ったからです。過労死する人がいなくなるように、職場での環境を変えるような取り組みが必要だと思いました。

◎労働環境について学んで、今の日本の労働の厳しい状況を知りました。ワーキングプアも、過労死も、どちらも問題だとは思いますが、この2つの問題は矛盾しているように思いました。非正規労働者は収入が少ないことなどから、正規労働者をめざします。また、非正規労働者が多くなれば、結婚する割合も低くなり、少子化が進みます。その一方で、一部の正規労働者は仕事に追われ、過労になります。そして、その過労が原因で亡くなったり、自殺に追い込まれたりすることで、優秀な人材が失われます。このような問題をなくすために、私は正規雇用を増やせばいいのではないかと思います。ワークシェアリングなどの取り組みも有効だと思います。こうした取り組みを進めていくことで、少子化も少しは改善され、働きすぎの人もいなくなり、社会全体がよくなっていくのではないかと思います。労働環境を変えていくことは、なかなか難しいことだと思います。しかし、これから私たちが働くようになった時、働きやすい環境になっていたらいいなと思います。そして私たちも、たくさんの人がより幸せに働き、くらせる社会になるように考えていきたいと思います。

◎労働環境について学びましたが、非正規雇用と正規雇用、どちらもたいへんな状況であることがわかりました。僕は将来、正規雇用で働きたいですが、過労死や過労自殺はしたくないです。仕事は生きていくために必要なものなのに、仕事で命を落とすというのは、どうなのかなと思いました。労働環境が適切なものになるように、法律でしっかり定めてほしいです。会社がもっと雇用を増やし、多くの人で仕事を分担するようなワークシェアリングを広げていけば、1人ひとりが仕事をスムーズにできると思います。おそらく簡単にはできないから、今のようになっているのかなと思います。月の残業時間が100時間を超えるような状況になった時、会社側から何らかの手立てがあってもいいと思います。これから僕は大人になり、社会人として働きますが、5年後、10年後、20年後でも、日本の労働者がつらくならないような環境になると、とてもうれしいです。

◎10年後、自分がどんな仕事に就いているのか、あるいは就いていないのかは、わかりませんが、その時には、日本が過労死ゼロの国になっていてほしいです。授業の中で、過労によって亡くなった人や自殺した人の話を聞きましたが、どれもひどい話でした。特に、電通に勤務していた高橋まつりさんは、小さい時から努力をして大学を卒業し、仕事に就き、やっと「これから」という時に、過労で自殺してしまいました。本来、企業とは、人々の生活を豊かにして、人々を笑顔にさせるもののはずなのに、そんな企業が人を死ぬまで追いつめているということを知って、とても衝撃を受けました。授業を通して驚いたことは、「過労死」という言葉が外国にはないということです。仕事や生活などの面で外国はシビアだと思っていましたが、そもそも外国にそういう言葉がないというのが衝撃でした。あと何年かすれば、自分も仕事に就くことになります。それまでに過労死がなくなるような社会であってほしいと思います。

◎労働環境について学びましたが、私がいちばん心に残ったのは、働きすぎによる「過労死」についてです。以前ニュースで、電通に勤務していた高橋まつりさんの過労自殺の報道を聞き、私はとても驚きました。長時間の過重労働が、人の命も奪ってしまったことに、とても悲しくなりました。こんなことは２度とないようにしなくてはいけないと思います。まつりさんの母親が公表した手記の内容の中に「人は、自分や家族の幸せのために、働いているのだと思います。仕事のために不幸になったり、命を落とすことはあってはなりません。」と書かれている部分があり、私はとても共感しました。まつりさんの死を、ただ後悔するだけではなく、そこから日本の働き方を変えていくことが必要とされています。私もあと５年後、10年後の将来、仕事に就き、こういった問題と関わることがあるかもしれません。自分自身も働き方についての理解を深め、向き合っていきたいです。

60 社会保障

1.生存権

⊙少し復習するね。産業革命後、経済活動の自由の一方で、経済上の不平等が
　生じてきたよね。だから人間らしく生きる権利が求められるようになったん
　だけど、この権利を何というの？　⇒社会権

⊙世界ではじめて社会権を規定したのは何という憲法？　どこの国？　⇒ワイマ
　ール憲法、ドイツ

⊙社会権の中で、最も基本となる権利のことを何というの？　憲法第何条？
　　⇒生存権、25条

⊙生存権って、25条にはどのように規定されているの？　⇒健康で文化的な最
　低限度の生活を営む権利

⊙ただ健康で文化的な最低限度の生活を営むことが難しくなることもあるよね。
　例えばどんな時にそういう生活を営むことが難しくなるの？　⇒病気、失業、
　高齢など

⊙確かに家計を支える人が病気や失業などで働けなくなれば、家計は苦しくな
　るよね。だから25条には、この１項に続けて２項が規定されているんだ。
　「国は、すべての生活部面について、社会福祉、社会保障及び公衆衛生の向
　上及び増進に努めなければならない。」とある。端的にいうと、もし健康で
　文化的な最低限度の生活を営むことができなくなったら、国がセーフティー
　ネットを準備しておかなければならないってことなんだ。このセーフティー
　ネットのことを何というの？　⇒社会保障

⊙この時間は社会保障について学んでいくんだけど、社会保障は４つの内容か
　ら成り立っている。それぞれ何というの？　⇒社会保険、公的扶助、社会福
　祉、公衆衛生

⊙津和野町の施策によって、みんなは医療費が無料だけど、一般的には病院で
　診察を受けると医療費がかかります。ただ、患者が医療費を全額負担するわ
　けではなく、多くの人が３割ほどの負担で済むようになっている。例えば医
　療費9,930円かかったとすると、2,980円を患者が支払うしくみになっている。
　では、残りの７割にあたる6,950円はどうしているの？　⇒保険料でまかなう

⊙こうした保険料でまかなう健康保険が社会保険の１つです。社会保険には、
　この他にも年金保険や介護保険などもあるよ。児童福祉や障がい者福祉、高
　齢者福祉にあたるものが社会福祉、感染症の予防や予防接種、下水道の整備
　にあたるものが公衆衛生だ。

2. 公的扶助

- あと１つ、公的扶助について、少し詳しくみていこう。低所得者に生活費など を支給することが、その内容なんだけど、一般的には何というの？ ⇒生活保護
- 生活保護を受給する人って、どのくらいいると思う？ ⇒約205万人（2011年）
- 2011年、戦後最多となる約205万人を記録した。バブル経済の頃には100万人 を割り込んだんだけど、その崩壊と「失われた20年」で急増したんだ。これ まで受給者が200万人を超えて、最も多かったのはいつ頃のことだと思う？ ⇒1951年頃
- 1951年度、204万6,646人もの受給者がいて、これまでの最多受給者だった。 1951年頃って、どんな時代なの？ ⇒戦後の混乱期
- 現在、戦後の混乱期を上回る受給者を記録しているってことだよね。それだけ 家計が苦しく、貧困にあえいでいる人が多いってことだと思うよ。現役世代の貧 困も多いんだけど、厚生労働省は2018年度からの生活保護費を見直し、全体の ３分の２の世帯について支給額を引き下げた。この中には、都市部の母子世帯 や単身高齢世帯も含まれているんだよね。また、最低賃金が生活保護費を下回 る逆転現象などが一部でみられたことなど、そのあり方には課題も多そうだね。

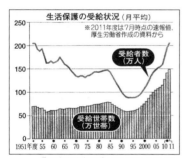

（『山陰中央新報』2011年11月10日）

（『中国新聞』2017年12月30日）

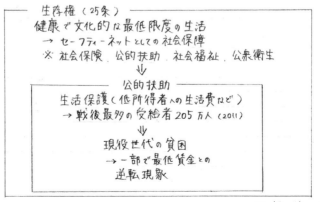

61 循環型社会

1.水俣病

⊙「かけがえのない」って言葉、知ってるよね。欠けてしまったら、つまり失ってしまったら、他のもので代えることのできないくらい大切なもの、っていう意味だよね。みんなにとって「かけがえのない」ものは何かな？ ⇒命、親、友達など

⊙自分や親、友達の命や健康って、大切だよね。私たちが命や健康を維持できるのは、排出した廃棄物が環境の中で浄化される自然の循環があるからなんだけど、経済活動を営む中で環境に負荷をかけすぎて「かけがえのない」命や健康を脅かすこともあるんだ。高度経済成長期、工場から適切に処理されていない有害物質が排出された結果、環境が汚染されることがあった。これを何というの？ ⇒公害

⊙あまり知られていないかもしれないけど、津和野でもかつて笹ヶ谷銅山から排出された砒素による「慢性砒素中毒症」に指定された公害があったんだよ。公害については、やはり４大公害がよく知られてるよね。４大公害には、どんなものがあるの？ ⇒イタイイタイ病、水俣病、四日市ぜんそく、新潟水俣病

⊙このうち特に水俣病について考えていくことにするね。1953年頃、熊本県水俣市で「猫が踊りながら海に落ちる」など、奇妙な現象とともに多くの猫が死んでしまう。「もはや戦後ではない」との流行語を生んだ『経済白書』が発表された1956年、原因不明の小児奇病が熊本県に報告される。公式確認のきっかけとなった患者は、当時２歳の田中実子さんと、翌年小学校への入学を控えた姉の静子さんだ。静子さんは２年後に亡くなったが、実子さんは現在も水俣市内でくらしている。水俣病の被害を真っ先に受けたのは、こうした子どもたちだった。60歳を越えた実子さんは、24時間体制で介護を受けている。立っている時には、急に倒れることもあるので、ヘッドギアが欠かせない。おしゃべりだった実子さん、発症してから一言も言葉を発することができなくなった。脳が侵されて、言葉を奪われたんだね。水俣病の原因は何なの？ ⇒チッソ水俣工場の排水に含まれた有機水銀

⊙患者の多くは魚を食べる機会の多い漁師とその家族だった。何かに魚が汚染されているということで、まず疑われたのはチッソ水俣工場だった。チッソは、かつて最先端化学を担った企業で、プラスチックの原料となるアセトアルデヒドを製造していた。その過程でできた大量の有機水銀を、30年以上にわたって処理もせずに海に垂れ流していたんだ。食物連鎖の頂点にいる人間

の命と健康を奪っていったんだね。チッソはすぐに排水をやめたと思う？ ⇒やめなかった。

⊙ 水俣病が公式確認された後も排水をやめなかった。なぜだと思う？ ⇒経済が優先された

⊙ 水俣市はチッソの企業城下町で、市の税収の多くもチッソによるものだった。時代は高度経済成長期でもある。命や健康よりも経済が優先され、工場は排水をやめなかったんだね。

水俣病の経緯

（『朝日新聞』2016年5月27日）

＊津和野町出身の報道写真家である桑原史成さんのテーマの1つが水俣病である。こうした報道写真を提示するのもよい。

2. 環境保全

⊙ こうした反省に立ち、環境保全の取り組みが進んできたんだよ。1967年にできた法律は何？ 公害に伴う費用は発生者が負担する原則は何？ 1993年にできた法律は何？ 開発にあたって事前に環境への影響を評価する調査は何？
⇒公害対策基本法、汚染者負担の原則、環境基本法、環境アセスメント

⊙ 人間も環境の一部で、自然の循環を尊重した循環型社会、持続可能な開発の実現を考えていかなければいけないよね。水俣市では、現在20種類以上のゴミの分別に取り組んでいるそうだよ。

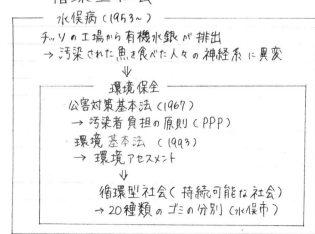

循環型社会

― 水俣病（1953〜）―
チッソの工場から有機水銀が排出
→ 汚染された魚を食べた人々の神経系に異変
⇓
― 環境保全 ―
公害対策基本法（1967）
→ 汚染者負担の原則（PPP）
環境基本法（1993）
→ 環境アセスメント
⇓
循環型社会（持続可能な社会）
→ 20種類のゴミの分別（水俣市）

62 貿易

1. 為替相場

◎経済の学習もいよいよ最後だよ。最後に貿易について学んでいくことにする
　ね。それぞれの国や地域で流通している貨幣のことを通貨っていうけど、ど
　んな通貨を知っているの？ ⇒円、ドル、ユーロなど

◎貿易にあたって、それぞれの通貨の交換をどのような比率にするのかが大事に
　なってくるよね。この交換比率のことを何というの？ ⇒為替相場（為替レート）

◎現在1ドル何円くらいなの？ ⇒110円30銭（2019年5月23日現在）

◎1ドルが100円の時と1ドルが200円の時、どちらが円高なの？ ⇒1ドルが
　100円の時

◎手元に200円があったとするよね。1ドルが100円の時、この200円は2ドル
　になる。一方、1ドルが200円の時は、1ドルにしかならない。1ドルが100
　円の時の方が、円の価値が高いので円高だ。

＊100円硬貨や1ドル紙幣の模擬通貨を、黒板に貼りつけながら説明してもよい。

◎円高の時、円の価値が高いので、海外旅行に安く行けてお得だよ。では同じ
　く円高の時、輸出と輸入はどちらが得だと思う？ ⇒輸入

◎手元に200円あって、1ドルの商品を輸入しようとした場合、1ドルが100円
　の時は100円余るけど、1ドルが200円の時は手元のお金がなくなるよね。逆
　に輸出は損することになるんだよ。仮に1円ほど円高になった場合、できた
　製品を輸出することで利益を得ている企業は、どのくらい利益が減少すると
　思う？ ⇒70億円（2010年度下半期のソニーの場合）など

◎ソニーが70億円、トヨタが50億円など、利益の減少は巨額になるんだって。

2. 自由貿易

◎さて、歴史の時間に学んだけど、貿易が戦争の遠因になったこと、覚えてる
　かな。1929年、ニューヨークで株価が大暴落して世界に波及したけど、この
　できごとを何というの？ ⇒世界恐慌

◎世界恐慌の時、イギリスやフランスはどういう対応をとったの？ ⇒ブロッ
　ク経済

◎植民地の多かったイギリスやフランスは、本国と植民地間での貿易を拡大し、
　それ以外の国々との間では関税を引き上げることで締め出した。これをブロ
　ック経済というよね。ブロック経済のように、高い関税を設定することは、
　本国の産業を守るための保護貿易でもあるんだけど、これが戦争の遠因だっ
　た。その反省から、戦後は関税を低く抑えようという動きが世界中で広がっ

てきた。これを自由貿易というんだ。自由貿易を促す国際機関のことを何というの？ ⇒世界貿易機関（WTO）

⊙WTOのような国際機関に加え、近年自由貿易を推進する動きが強まってきているよ。2国間で独自に関税を引き下げる協定を結ぶことがあるんだけど、これを何というの？ ⇒自由貿易協定（FTA）

⊙日本を含めた太平洋を取り囲む多国間での自由貿易圏ができたんだけど、これを何というの？ ⇒環太平洋パートナーシップ協定（TPP）

⊙TPPはトランプ大統領が離脱を表明し、2018年12月に11か国で発効した。世界のGDPの13％を占め、域内人口が5億人を超える巨大な経済圏が誕生した。できた製品を輸出することで利益を得ている企業はいいよね。ただ一方で心配もある。国内でほぼ100％自給できる農産物って何だった？ ⇒米

⊙米は自給できるので、778％もの高い関税をかけている。海外から300円で輸出された米は、778％の関税をかけ、日本での販売価格は2,634円だ。仮に関税が撤廃されれば、300円のまま輸入されるよね。国内の農畜産業には大きな打撃となるし、安全性などへの懸念もあるんだ。

主な企業のユーロの想定為替レートと1円円高になることによる影響

	想定レート	利益の減少額
ソニー	110円前後	70億円
キャノン	115円	15億円（10～12月期）
トヨタ自動車	110円	50億円
ホンダ	110円	15億円
日産自動車	110円	なし

※2010年度下半期。利益の減少額はソニー、キヤノンは営業利益ベースで、キヤノン以外はすべて通期の金額

（『読売新聞』2010年11月18日）

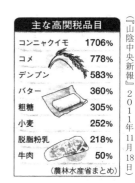

主な高関税品目

コンニャクイモ	1706%
コメ	778%
デンプン	583%
バター	360%
粗糖	305%
小麦	252%
脱脂粉乳	218%
牛肉	50%

（農林水産省まとめ）

（『山陰中央新報』2011年11月18日）

貿易

為替相場（為替レート）
通貨（円、ドル、ユーロなど）の交換比率
→ 円高の場合、海外旅行や輸入が得
⇓
貿易
保護貿易（ブロック経済）が戦争の遠因
→ 保護貿易から自由貿易へ
※ WTO（世界貿易機関）
⇓
TPP（環太平洋パートナーシップ協定）
→ トランプ大統領が離脱を表明
※ 11か国での発効

63 国際社会の課題(1)

1. 地球温暖化

⊙憲法や政治、経済などについて学んできたけど、いよいよ公民の学習の最後に、国際社会をテーマに学んでいくことにするね。国際社会にはさまざまな課題があるけど、どんな課題があるの? ⇒地球温暖化、格差、紛争など

⊙こうした課題について、これから考えていくことにするね。この時間は、地球温暖化についてだよ。地球温暖化の原因って何? 化石燃料って何? ⇒化石燃料の使用、石油や石炭

⊙石油や石炭を使用すると、なぜ地球温暖化が進むの? ⇒CO_2などの温室効果ガスが排出される

⊙石油や石炭の使用が少なかった頃はCO_2などの排出も少なかったので、地表面の熱が宇宙空間に放出されやすかった。しかし、CO_2などの排出が多くなると、これが大気圏内にたまり、地表面の熱が宇宙空間に放出されにくくなった。ちょうど地球を包み込む温室のような役目を果たすようになるので、温室効果ガスっていうんだよ。化石燃料の使用って、いつ頃から増えてきたの? ⇒産業革命頃

＊地球温暖化のメカニズムについては、図示しながら説明できるとよい。

⊙産業革命って18世紀の後半からなので、地球が温暖化してきたのは、ここ200年ほどのことなんだね。特に近年、異常気象が相次いでいるけど、地球温暖化との関係を指摘する声も多いよね。地球温暖化をめぐっては、排出権の取引がおこなわれるようになってきているけど、排出権取引って聞いたことあるかな。地球温暖化対策については、国境を越えた地球規模の課題なので、国際的なルールづくりが模索されてきた。こうしたルールづくりの中で、CO_2の排出枠が割り当てられる。国や企業によっては割り当てられた排出枠が余る場合がある。排出枠を超えて排出した国や企業がこれを購入することで、排出目標を達成しようとする。これが排出権取引だ。地球温暖化対策としては疑問も残るけど、国際的にはこうした取り組みが進んでいるんだね。

2. 持続可能な開発

⊙こうした国際的な取り組みが進んできたのは、地球に負荷をかけすぎず、「持続可能な開発」に転換していく必要があるからだよね。国際会議も開催されるようになってきたけど、1992年にブラジルで開催された地球環境について話し合う国際会議を何というの? 1997年に温室効果ガスの削減目標を定めて採択されたものを何というの? ⇒地球サミット、京都議定書

◉ただ、この京都議定書には課題も多かったんだよね。京都議定書が温室効果ガスの削減目標を課したのはどんな国だと思う？ ⇒先進工業国

◉当時最も温室効果ガスを排出したのはどこの国？ アメリカに次いで排出したのはどこの国？ ⇒アメリカ、中国

◉アメリカは世界最大の排出国だったんだけど、京都議定書から離脱してしまった。アメリカに次ぐ排出国だった中国は、京都議定書に参加していない。なぜだと思う？ ⇒先進工業国ではなかった

◉1997年当時、先進工業国ではなかった中国は削減目標を課されていない。日本も1990年比で6％削減しなければならないのに、逆に7.6％増えてしまうなど、課題も多かった。そこで2015年、すべての国に削減目標を課す協定を結んだんだけど、これを何というの？ ⇒パリ協定

◉パリ協定は2016年に発効し、ようやく国際的な取り組みが進むかに思えた2017年、トランプ大統領はアメリカがパリ協定から離脱することを表明した。地球温暖化、このあとどうなってしまうのかな。

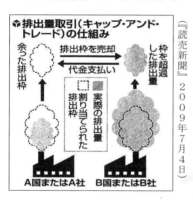

❖排出量取引（キャップ・アンド・トレード）の仕組み

排出枠を売却

余った排出枠

代金支払い

枠を超過した排出量

割り当てられた排出枠

実際の排出量

A国またはA社　B国またはB社

『読売新聞』2009年7月4日

主な国の二酸化炭素排出量

『朝日新聞』2001年4月30日

国際社会の課題（1）

地球温暖化
化石燃料の使用
→ CO₂ などの 温室効果ガスを排出
※ 排出権取引などの対応
⇓
「持続可能な開発」
（・地球サミット（1992）
・京都議定書（1997）
→ CO₂ 削減を先進国に義務づけ
⇓
パリ協定を採択（2015）
→ すべての国が CO₂ 削減目標
※ アメリカが離脱

64 国際社会の課題(2)

1. 人口・食糧・水問題

◉世界の人口って、どのくらいいるの？ ⇒約75億人（2019年５月現在）

◉2011年10月31日に70億人を突破し、2019年５月には約75億人だ。世界ではこうして爆発的に人口が増え続けているけど、これを何というの？ ⇒人口爆発

◉地球上で人口が増え続けて困ることって、どんなこと？ ⇒食糧、水など

◉世界には食糧や水が足りている国もあれば、足りていない国もあるよね。こうした課題について考えていくことにしよう。

◉世界には190あまりの国があるけど、工業化が進んだ国のことを何というの？ ⇒先進工業国

◉先進工業国の定義にはさまざまなものがあるんだけど、世界人口の約18%の人たちが先進工業国にくらしている。Ｇ７って聞いたことがあるかな。先進７か国のことなんだけど、Ｇ７の７か国にはどんな国があるの？ ⇒フランス、アメリカ、イギリス、ドイツ、日本、イタリア、カナダ

◉このＧ７に加え、韓国やオランダ、ベルギーなども先進工業国だ。先進工業国である日本、食糧が満ちあふれ、安全な水も飲むことができるよね。一方で、食糧が満ちあふれているがゆえに、課題もあるよね。２月３日は何の日？ ⇒節分

◉節分には何を食べるの？ ⇒大豆、イワシ、恵方巻など

◉恵方巻については、2019年１月、農林水産省が需要に見合った販売をするよう、コンビニなどの業界団体に文書で要請した。売れ残りが大量に廃棄されるからだ。こうした食品廃棄のことを「食品ロス」っていうよ。日本の「食品ロス」って、１年間でどのくらいあると思う？ ⇒646万t（2015年度）

◉646万ｔって、想像つかないよね。国民１人あたり、毎日茶碗１杯分のご飯を食べ残していることになるんだって。こうした「食品ロス」が発生する場所は、どこがいちばん多いと思う？ ⇒一般家庭

◉一般家庭からの廃棄が300万ｔ弱で、約半分にあたる。食品製造業や外食産業、食品小売業などと比較しても、はるかに多いんだ。一般家庭からの廃棄が多いのは、なぜだと思う？ ⇒過剰除去

◉例えばりんごの皮を厚くむき過ぎるなど、過剰除去が55%にもなるんだって。次いで、食べ残しが27%、賞味期限や消費期限切れで手つかずのまま廃棄する直接廃棄が18%だ。

2. 南北問題

◉先進工業国に対して、経済成長の途上にある国のことを何というの？ ⇒発

展途上国

⊙発展途上国は、何州に多いの？ ⇒アジア州やアフリカ州など

⊙こうした発展途上国は地球上のどのあたりに多いの？ 先進工業国は？ ⇒南、北

⊙この位置関係から、先進工業国と発展途上国との格差を何というの？ ⇒南北問題

⊙ただし、かつての発展途上国の中でも、産油国やBRICS^{ブリックス}など、経済成長が著しい国々もある。BRICSにはどんな国があるの？ ⇒ブラジル、ロシア、インド、中国、南アフリカ

⊙一方で、発展途上国の中でも最貧国といわれる国々もある。こうした国々は、サハラ砂漠以南のサブサハラといわれる地域に多い。この位置関係から、発展途上国内の格差を何というの？ ⇒南南問題

⊙こうした最貧国を含め、世界全体の食糧援助量は380万ｔ（2017年）だ。日本はこの２倍以上の食糧を廃棄しているかと思うと、いたたまれないよね。こうしたことを含め、国際連合は2015年に「持続可能な開発目標（SDGs）」を採択した。この実現に向けた取り組みを進めていかないといけないよね。

『読売新聞』2018年10月15日

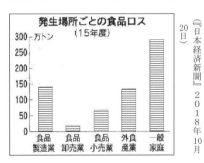

発生場所ごとの食品ロス
（15年度）

『日本経済新聞』2018年10月20日

国際社会の課題（2）

人口・食糧・水問題

先進工業国（日・米・英など）
→ 世界人口の約18％
※ 日本では 646万トンが 食品ロス
⇓
── 南北問題 ──
発展途上国（アジア・アフリカなど）との 格差
→ 産油国や BRICS の成長
⇓
サブサハラとの格差（南南問題）
→ 国連による「持続可能な
開発目標（SDGs）」

G7
日・米・加ダ
英・仏・佳・伊

産油国
①サウジ
②UAE
③カタール

BRICS
Ⓑブラジル
Ⓡロシア
Ⓘインド
Ⓒ中国
Ⓢ南アフリカ

65 国際社会の課題(3)

1.地域統合

⊙地理の復習をしよう。現在、国境を越えた交流が活発になり、いくつかの国家が、グループとしてまとまる動きがみられるようになってきたよね。ヨーロッパでは、国境を越えて、ヒトやモノ、カネの移動が自由になったけど、この組織のことを何というの？ 共通の通貨を何というの？ ⇒EU、ユーロ

⊙東南アジアの10か国が加盟する、地域内での発展や協力をめざした組織を何というの？ ⇒ASEAN

⊙EUやASEANのように、地域ごとに国家間の経済関係を密接にし、より経済活動がおこないやすいしくみをつくろうとする動きが高まっているけど、これを何というの？ ⇒地域統合（地域主義）

⊙地域統合の動きは、EUやASEANだけじゃないよね。環太平洋地域における多国間の経済協力を進める会議のことを何というの？ ⇒APEC〔エイペック〕

⊙APECの他にも、環太平洋地域には自由貿易圏も誕生したよね。これを何というの？ ⇒TPP

⊙ただEUやTPPから離脱する動きもあったよね。EUからの離脱交渉した国はどこ？ TPPから離脱した国はどこ？ ⇒イギリス、アメリカ

2.地域紛争

⊙ところで、2014年に開催された、サッカーワールドカップブラジル大会で初出場した国があるけど、どこの国か知ってる？ ⇒ボスニア・ヘルツェゴビナ

⊙ボスニア・ヘルツェゴビナがあるのは、第1次世界大戦で学習したあの半島なんだけど、何という半島なの？ 別名で何というの？ ⇒バルカン半島、ヨーロッパの火薬庫

⊙かつてこの地域にはユーゴスラビアという国があった。5つの民族、そして6つの共和国から成り立つなど、やはり複雑な事情を抱えたモザイク国家だった。だからソ連が解体し、冷戦が終結すると、民族主義が高まり、分離、独立運動が激化していった。1991年にはじまった旧ユーゴスラビア内戦で、特に凄惨だったのがボスニア・ヘルツェゴビナ紛争だ。イスラム教徒系、セルビア系、クロアチア系が、激しい戦闘を繰り広げた。こうした戦闘が激しくなると、それまでの住み慣れた土地を奪われ、国外に逃亡する人たちも現れてくるよね。こうした人たちのことを何というの？ ⇒難民

⊙旧ユーゴスラビア内戦でも多くの難民が国外へと追われたんだよ。1995年に和平が成立し、内戦は終結したけど、国内のサッカー協会は民族間の利害が

ぶつかり、国際サッカー連盟（FIFA）の意向に従わないことがあった。その
ため、一時国際大会への出場資格を失ったけど、2014年にはじめてワールド
カップへの出場を果たしたんだ。世界は地域統合の動きがある一方で、こう
した地域紛争も少なくない。

＊旧ユーゴスラビア代表でJリーグなどでも活躍したストイコビッチ、旧ユー
　ゴスラビア代表や日本代表の監督を務めたオシムなどを取り上げてもよい。

◉冷戦後、唯一の超大国になったのはどこ？　⇒アメリカ

◉21世紀になったばかりの2001年、唯一の超大国となったアメリカが標的にな
　った。テロリズムだ。ハイジャックされた2機の飛行機が世界貿易センター
　ビルに激突したほか、ペンタゴンにも突入し、多くの人的、物的被害を出し
　た。このテロを何というの？　⇒同時多発テロ

◉同時多発テロを受け、アメリカはテロの首謀者の引き渡しに応じなかった国
　を攻撃したんだけど、どこの国を攻撃したの？　⇒アフガニスタン

◉対国家ではなく、テロ組織を対象とした、対テロ戦争という新たな戦争がは
　じまった。

ボスニア・ヘルツェゴビナの100年とサッカー	
1914年	「サラエボ事件」をきっかけに第1次世界大戦勃発
18年	「セルビア人・クロアチア人・スロベニア人王国」成立
45年	ユーゴスラビアを構成する共和国として発足
84年	サラエボ冬季五輪開催
92年	ボスニア・ヘルツェゴビナ紛争が始まる
95年	デイトン和平合意で内戦が終結
96年	国際サッカー連盟（FIFA）加盟。W杯予選出場可能に
2002年	3民族のチームが参加した国内サッカーリーグ始まる
11年	FIFAなどの制裁で一時、国際大会出場資格を失う
13年	W杯ブラジル大会の出場権を獲得する

（『読売新聞』2014年3月18日）

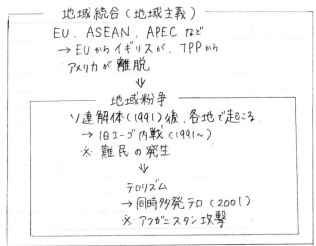

国際社会の課題（3）

地域統合（地域主義）

EU、ASEAN、APECなど
→EUからイギリスが、TPPから
　アメリカが離脱
⇓
地域紛争
ソ連解体（1991）後、各地で起こる
→旧ユーゴ内戦（1991～）
※難民の発生
⇓
テロリズム
→同時多発テロ（2001）
※アフガニスタン攻撃

66 国際社会の課題(4)

1. 米軍

⊙同時多発テロの後、軍事攻撃したアフガニスタン以外にも、これまでアメリカは「世界の警察官」として、各地で軍事介入を続けてきた。そんな米軍と日本との関係について考えていくね。歴史で学んだように、アフガニスタンの他、米軍による戦争にはどんなものがあったの？　⇒朝鮮戦争、ベトナム戦争

⊙冷戦を背景にした、朝鮮戦争やベトナム戦争があったよね。この他にも、2003年にはじまるイラク戦争というのがあった。

2. 沖縄

⊙こうした米軍による軍事攻撃、その多くはどこから出撃するの？　沖縄には在日米軍基地の何％が集中しているの？　米軍が駐留する根拠となっている条約を何というの？　⇒沖縄、約70％、日米安全保障条約

⊙日米安全保障条約に基づいて、米軍が駐留しているんだよね。そして、在日米軍基地の約70％が、国土の0.6％にすぎない沖縄に集中している。沖縄本島は、18.2％が米軍基地だ。こうした環境の中、これまで米軍による事件や事故が多発している。1995年の米兵3人による小学生女児暴行事件の他、2016年には米軍属による女性暴行殺人事件が起きるなど、米軍関係者による強姦殺人、殺人、交通死亡、強姦の被害者は、これまで620人を超えている。近年、沖縄本島やその周辺でオスプレイやヘリコプターが「不時着」し、大破するなど、米軍機のトラブルが相次いでいる。特に懸念されているのが、宜野湾市の市街地の中にある海兵隊の基地なんだけど、この基地を何というか知ってる？　⇒普天間基地

＊宜野湾市のホームページには、「宜野湾市の上空写真」が掲載されているので、ダウンロードして提示するのもよい。

⊙普天間基地は、宜野湾市の市街地の中にあり、周囲には学校や住宅などが密集しているので、「世界で最も危険な基地」と言われている。2004年には基地に隣接する沖縄国際大学のキャンパスにヘリコプターが墜落した。夏休み中だったこともあり、学生や住民にケガはなかったが、

（『中国新聞』2017年12月19日）

一歩間違えば大惨事だ。また2017年12月には、緑ヶ丘保育園に落下物があった他、その6日後には普天間第二小学校の校庭に、重さ7.7kgにもなるヘリコプターの窓枠が落下した。落下地点から10数mの場所では体育の授業中だった。子どもたちに大きなケガはなかったが、これも大惨事になりかねない事故だった。こうした危険と隣り合わせにあるため、1995年の小学生女児暴行事件の後、日米両政府は普天間基地の返還と沖縄県内移設で合意し、1999年には移設先を決定した。移設先がどこか知ってる？ ⇒名護市辺野古

⊙辺野古にある米軍基地キャンプ・シュワブの沖合を埋め立て、V字型の滑走路を建設することになった。ただ、普天間基地と辺野古を比べた時、この2つには大きな違いがあるけど、何だかわかる？ ⇒港湾施設と弾薬庫

⊙普天間基地には海もないし、弾薬庫は少し離れた嘉手納にしかない。一方、辺野古は海に面しているため、港湾施設の建設も可能で、弾薬庫もある。単純な移設ではなく、「新設」との指摘もあり、恒久的な施設になる可能性もある。こうした「新設」に、近年の国政選挙や県知事選挙、さらには2019年2月の県民投票において、民意は反対を示し続けている。2018年12月、安倍政権は辺野古沿岸部に土砂の投入を強行したんだけど、北東部の大浦湾の海底には「マヨネーズ並み」の軟弱地盤があることがわかっていて、防衛省はこの海底地盤の改良に杭を約7万7,000本打ち込む工事を計画している。この工事、沖縄県の試算では2兆5,500億円もかかるそうだ。辺野古って「唯一の解決策」なのだろうか。

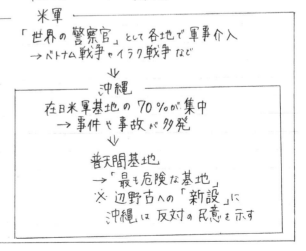

（『朝日新聞』2019年1月22日）

国際社会の課題（4）

米軍
「世界の警察官」として各地で軍事介入
→ベトナム戦争やイラク戦争など
↓
沖縄
在日米軍基地の70%が集中
→事件や事故が多発
↓
普天間基地
→「最も危険な基地」
※ 辺野古への「新設」に
沖縄は反対の民意を示す

67 国際貢献(1)

1. 国際連合

⊙いよいよ公民の学習も最後の単元になるね。最後に考えてほしいのは、「国際社会にどのように貢献したらいいのか」ということだ。まずは世界の平和と安全を守ることを目的に、1945年に設立された組織について確認していこう。この組織を何というの？　どこに本部があるの？　⇒国際連合、ニューヨーク

⊙国際連合にはさまざまな機関があるんだけど、全加盟国で構成され、すべての国が平等に1票をもつ機関を何というの？　竹島の領有権に関して日本が提訴しようとした裁判所を何というの？　世界遺産の登録や保護などの活動をおこなう専門機関を何というの？　⇒総会、国際司法裁判所、UNESCO

＊国際連合の組織図については、穴埋め問題を作成して取り組ませてもよい。

⊙国際連合って、英語で何というの？　⇒United Nations

⊙国際連合は英語で United Nations だ。頭文字をとってUNと略す。UNESCO、UNICEF、ＵＮＨＣＲなど、UNではじまる機関名が多いのは、そのためだ。

2. 安全保障理事会

⊙国際連合の中でも、紛争の解決をめざし、平和を守る機関を何というの？　⇒安全保障理事会

⊙安全保障理事会は15か国の理事国で構成されているんだけど、このうち5か国は常任理事国だ。常任理事国には、どんな国があるの？　⇒アメリカ、イギリス、フランス、ロシア、中国

⊙この5か国って、どういう国なの？　⇒連合国（戦勝国）

⊙第二次世界大戦に勝利した連合国だよね。ちなみに先ほど確認したとおり、英語で国際連合は United Nations だったけど、United Nations にはもう1つの意味があるんだ。何かわかる？　⇒連合国

⊙第二次世界大戦に勝利した連合国が、拡大、発展した組織が国際連合と言えなくもない。その常任理事国なんだけど、強い権限が認められている。常任理事国の1か国でも反対すると議決できないことになっているんだよ。このような権限を何というの？　⇒拒否権

⊙かつて常任理事国は、拒否権を行使することが多かったため、安全保障理事会はなかなか機能しないことがあった。なぜ拒否権を行使することが多かったの？　⇒冷戦

⊙冷戦を背景に、東西両陣営がそれぞれ拒否権を行使することが多かったんだね。

⊙ところで、安全保障理事会は国際紛争の解決に取り組んでいるんだけど、こ

うした活動のうち、内戦や戦争で苦しむ地域で停戦や選挙の監視などをおこなう活動を何というの？　⇒平和維持活動（PKO）

⊙平和維持活動については、次の時間以降、また詳しく学ぶことにするね。その前に、ある戦争について確認していくよ。この戦争は、ある湾の周辺で起きたんだけど、地理でも学んだ石油の埋蔵量が豊富な湾って覚えてる？
　　⇒ペルシャ湾

⊙1990年8月、イラクが突如、隣国のクウェートに侵攻した。安全保障理事会は、イラクに対し、再三にわたって撤退を要求したが、イラクはこ

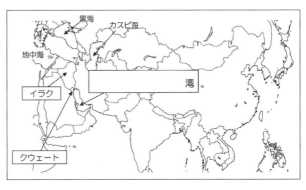

の要求を聞き入れなかった。そこで、1991年1月15日までに撤退しない場合は、加盟国に武力行使を認める決議を成立させてしまうんだ。結局イラクが撤退しなかったため、米軍を主力とする多国籍軍が派遣され、戦争がはじまった。この戦争を何というの？　⇒湾岸戦争

⊙湾岸戦争は、圧倒的優位のうちに多国籍軍が勝利した。この戦争、遠く離れたペルシャ湾周辺での戦争なんだけど、日本を大きく揺るがした。そのあたりは次の時間に学ぶことにしよう。

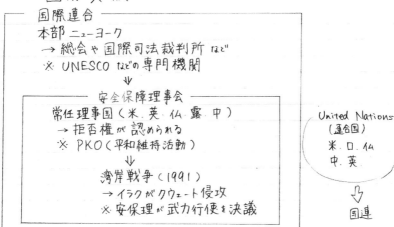

68 国際貢献(2)

1．平和主義
⦿日本国憲法の３つの原則って何だった？ ⇒国民主権、基本的人権の尊重、平和主義
⦿国際貢献について学んでいるけど、この３つの原則のうち、国際貢献と特に関わりが深いのはどの原則なの？ ⇒平和主義
⦿平和主義の根幹をなしているのは第何条？ 核兵器について、国是は何？ ⇒９条、非核三原則
⦿非核三原則って、どんな内容だったの？ ⇒核兵器を持たず、つくらず、持ち込ませず
⦿核兵器の保有については、アメリカ、イギリス、フランス、ロシア、中国に限定し、それ以外の国々の保有を禁止した条約も批准しているんだけど、この条約を何というの？ ⇒核不拡散条約（NPT）

2．湾岸戦争
⦿こうした平和主義を掲げる日本を大きく揺るがしたのが、1991年にペルシャ湾周辺で起きた戦争だったんだけど、前の時間に学んだこの戦争を何というの？ ⇒湾岸戦争
⦿湾岸戦争の時、安全保障理事会は武力行使の容認を決議し、米軍を主力とする多国籍軍が派遣されたけど、日本はこの多国籍軍に参加したの？ なぜ参加しなかったの？ ⇒参加しなかった、９条に抵触する
⦿平和主義を掲げる日本は、交戦権を否認する９条に抵触するため、多国籍軍に参加しなかった。どういう方法で国際貢献を果たそうとしたの？ ⇒カネ
⦿総額130億ドルを超える巨額の支援をすることで、国際貢献を果たそうとした。しかし、「カネは出すが、人は出さない。」と批判されてしまう。この戦争の後、クウェート政府が出した感謝広告にも、日本の名前はなかった。当時、自由民主党の国会対策副委員長だった与謝野馨さんは、「あれだけ苦労しても、やはりカネを出すだけでは信用もなくすし、日本は国際社会の孤児になってしまう。」と思いながら、アメリカの週刊誌を読んでひらめいたそうだ。湾岸戦争後にフランスの特殊部隊が地雷撤去作業をしている記事だった。記事を読んだ翌日、ペルシャ湾に残された機雷を除去するため、自衛隊の掃海艇を派遣することを提案する。そして1991年４月26日、海上自衛隊の掃海艇と補給艦がペルシャ湾に向けて出航した。教育訓練など以外での海外派遣は、自衛隊発足以来はじめてだった。翌1992年にはPKOの活動への参加

を可能とした法律を成立させたけど、この法律を何というの？ ⇒PKO協力法

⊙PKO協力法によって、2017年1月現在、10もの国や地域に、延べ約1万1,500人が派遣されている。このうち約1万1,300人が自衛官だ。さらに2003年にはじまったイラク戦争に伴い、イラク特措法を成立させ、自衛隊がはじめて「戦地」へ派遣された。ただこの戦争、湾岸戦争の時の多国籍軍とは意味が違うんだけど、何が違うかわかる？ ⇒安全保障理事会の決議が明確ではない

日本の
PKO派遣先と
要員別の人数

内閣府国際平和協力本部事務局
の資料（1月現在）などから

	自衛官	警察官	公務員・民間人ら
1992年 ❶アンゴラ			3人
92～93年 ❷カンボジア	1216人	75人	41
93～95年 ❸モザンビーク	154		15
94年 ❹エルサルバドル			30
★96～13年 ❺ゴラン高原	1501		★
★99年 ★02～04年 ❻東ティモール ★07～08年 ★10～12年	2312	7	
★07～11年 ❼ネパール	24		
08～11年 ❽スーダン	12		
★10～13年 ❾ハイチ	2196		
★11～17年 ❿南スーダン	3880		

別に連絡調整要員も派遣。このほか、国際緊援、輸送・補給などの活動も実施している。

（『朝日新聞』2017年6月9日）

⊙湾岸戦争は、安全保障理事会が加盟国に武力行使を認める決議をしたよね。イラク戦争では、こうした決議が明確ではないんだ。開戦理由として、「イラクが大量破壊兵器を保持していた」とアメリカは説明したけど、結局「大量破壊兵器はなかった」ので、大義なき戦争だった。日本はこの戦争を世界に先駆けて支持し、「非戦闘地域」であるサマワへ自衛隊を派遣した。しかし、防衛省が開示した活動報告には「戦闘」の文字が複数あったし、宿営地付近にロケット弾も着弾した。こうした厳しい緊張状態が続く中でのストレスからか、イラクなどへの派遣後に自殺した自衛官が54人（2015年5月現在）もいて、このうち4人はイラク派遣のストレスが原因での自殺と防衛省も認めているんだ。自衛隊による国際貢献のかたちが一般的になってきているけど、課題もありそうだね。

陸自撤収をめぐる経過

2003年7月26日	▶イラク復興支援特別措置法が成立
12・9	▶自衛隊イラク派遣を閣議決定
04・1・9	▶防衛庁長官が陸上自衛隊先遣隊に派遣命令
19	▶先遣隊がイラク到着
26	▶本隊に派遣命令
2・8	▶本隊第一陣がサマワ入り
6・28	▶イラク暫定政府に主権移譲
12・9	▶自衛隊派遣期間の1年延長を閣議決定
05・4・28	▶イラク移行政府発足
12・8	▶派遣期間の1年再延長を閣議決定
06・5・20	▶イラク正統政府発足
6・8	▶空席だった内相、国防相が就任
19	▶イラクのマリキ首相が、サマワを州都とするムサンナ州の治安権限が7月に多国籍軍から移譲されると発表
	▶小泉純一郎首相が撤収を表明。防衛庁長官が撤収命令
25	▶サマワ宿営地から隣国クウェートへの装備・物資の陸送開始
7・7	▶陸自部隊がクウェートへの撤収開始
13	▶ムサンナの治安権限を多国籍軍からイラク側に移譲
17	▶陸自部隊の撤収完了

（『山陰中央新報』2006年7月18日）

国際貢献（2）

平和主義
憲法9条、非核三原則
→ 核兵器不拡散条約（NPT）も締結
↓
湾岸戦争（1991）
多国籍軍に130億ドルの支援
→「カネは出すけど、人は出さない」

戦後、自衛隊をペルシャ湾に派遣
→ 機雷撤去が目的
※ PKO協力法やイラク特措法

69 国際貢献(3)

1. 自衛隊

⊙自衛隊による国際貢献が一般的になっていることを学んできたけど、この時間は自衛隊がどんな組織なのかを、まず確認していくことにしよう。自衛隊の総兵力って、何万人だと思う？ ⇒約24万人

⊙総兵力が約24万人で、３つの部隊から構成されているんだけど、この３つをそれぞれ何というの？ ⇒陸上自衛隊、海上自衛隊、航空自衛隊

⊙自衛隊の任務にはどんなことがあるの？ ⇒防衛出動や災害派遣など

⊙防衛出動については、専守防衛が基本だ。災害派遣については、東日本大震災や西日本豪雨などで救援活動をおこなうようすは記憶に新しいよね。東日本大震災の時、10万人を超える自衛隊員が現地に派遣されたんだけど、単に救助だけではなく、温かい食事や風呂を提供することもあった。一方で、自衛隊員の人たちが食べていたものは何だと思う？ ⇒缶詰

⊙自分たちが炊き出した食事には手をつけず、冷たい缶詰、通称「缶めし」を食べていたんだ。１日の活動を終えた後も、彼らは風呂にも入らず、汗ふきシートなどでしのいでいた。これは「先憂後楽の堅持について」という指令が全隊員に出されていたからでもあるんだ。先憂後楽とは「民に先立って国を憂い民が楽しんだ後に自分は楽しむ」という君子の心得を説いた中国の故事に由来する。つまり、すべては被災者のために活動し、私たちは後でゆっくりすればいいということなんだね。

2. 安保関連法

⊙2015年、こうした自衛隊員たちに新たな任務を追加する法律が成立したけど、何という法律か、知ってる？ ⇒安保関連法

⊙安保関連法というのは、10もの法律を一括して「改正」したので複雑なんだけど、大きな議論になったことを２つほど紹介するね。１つは、集団的自衛権の行使を認めたことだ。集団的自衛権というのは、日本と密接な関係にあるA国がB国から攻撃された場合、日本がB国へ反撃できる権利のことだ。例えば、アメリカがどこかの国から攻撃された場合、アメリカへの攻撃を日本への攻撃と見なし、反撃できることになる。この集団的自衛権、何か心配なことない？ ⇒戦争

⊙「同盟国」とされるアメリカの戦争に、地球の裏側まで自衛隊を動員することが可能になる。これまで政府は、日本への攻撃に反撃する個別的自衛権については認めてきたけど、集団的自衛権については認めてこなかった。もし

集団的自衛権の行使を認めようとするならば、「憲法改正という手段を取らざるを得ない」というのが、これまでの政府の見解だった。だから衆議院の憲法審査会で、与党である自由民主党の推薦を含む参考人の憲法学者３人全員が、この安保関連法を「違憲」と指摘した。また、全国で190もの地方議会が集団的自衛権の行使容認に反対の意見書を可決した。島根県でも可決した議会があるんだけど、どこだと思う？ ⇒津和野町議会

◉大きな議論になったこと、もう１つはPKOに関わる内容だ。民間のNGOや他国のPKO部隊が武装勢力に襲撃された場合、自衛隊が現場に出動する「駆けつけ警護」という任務が加わった。PKO協力法が成立した当時、PKO部隊は中立が義務づけられていたけど、現在は武装勢力に対抗する戦闘部隊を創設するようになった。自衛隊員が武器を使用する可能性もあるし、誤って武装勢力以外の人を傷つけることにもなりかねない。こうしたリスクを伴うことから、国会前などでデモが繰り返されたけど、安倍内閣は採決を強行し、安保関連法を成立させたんだ。

安保法案「NO」国会包囲
市民ら数万人 全国で集会

国会正門前で開かれた安保法案に反対する集会で、道路を埋め尽くす大勢の人たち＝30日午後、東京都千代田区（共同通信社ヘリから）

（『山陰中央新報』2015年8月31日）

国際貢献(3)
　自衛隊
　総兵力 24万人（陸上・海上・航空）
　　→ 防衛出動・災害派遣 などの任務
　　※ 専守防衛 が 基本
　　　　　⇓
　　　　安保関連法 (2015)
　　集団的自衛権の行使を認める
　　　→ 憲法学者が違憲と指摘
　　　　　⇓
　　PKOに駆けつけ警護の任務追加
　　　→ 武器使用の可能性

70 国際貢献(4)

1. 難民

◎これまで自衛隊による国際貢献について学んできたけど、国際貢献って自衛隊限定ではないよね。紛争などが起こると、それまでの住み慣れた土地を奪われ、国外に逃亡する人たちも現れてきたことを学んだね。こうした人たちのことを何というの? ⇒難民

◎国外に逃亡した人たちのことを難民、国内にとどまって避難している人たちのことを国内避難民というんだよ。メキシコなどから国境を越えてアメリカにやって来る人たちに対して、「トランプの壁」の建設が報じられてきたけど、あの人たちは難民ではなく移民だね。難民とその受け入れについて考えていくことにしよう。世界中で難民の人たちって何人くらいいると思う?
　⇒6,560万人（2016年)

◎世界中で6,560万人もの難民がいる。日本国民の約半分に相当するね。最も多いのは、どこの国だと思う? ⇒シリア

◎以前「アラブの春」について学んだよね。民主化を求めた人々のデモによって、チュニジアやエジプトなどで政権が倒れたけど、この動きを抑え込み、大規模な内戦に突入したのがシリアだ。アサド大統領のシリア軍と反政府武装勢力の自由シリア軍、さらにはイスラム国などの勢力が泥沼の戦いを繰り広げた。シリア軍をロシアが、自由シリア軍をアメリカが後押しし、この内戦は長期化したんだ。シリア国内は、この内戦で破壊されつくしたので、多くの人たちが難民になった。シリア難民って、何人くらいいると思う?
　⇒513万人（2016年)

◎513万人もの人たちが難民となって、国外に脱出した。この人たちの多くはどこへ向かったと思う? ⇒ヨーロッパ

◎シリア難民が向かった先はヨーロッパ、特にドイツなどの先進工業国だ。ヨーロッパへと流入する過程の中で、地中海をボートで渡ろうとする難民も多く、その移動には危険も伴う。2015年9月、ヨーロッパをめざす途中で死亡し、トルコの海岸に打ち上げられた3歳の子どもの写真がメディアで報じられ、世界に波紋が広がった。

＊リオデジャネイロオリンピックではじめて結成された、難民選手団について提示してもよい。シリア難民のユスラ・マルディニさんは競泳に出場し、その後UNHCRの親善大使として活躍している。

2. 支援

◎こうした状況の中で、ドイツは難民を受け入れたと思う？ ⇒受け入れた

◎ドイツは積極的に受け入れた。1年間に何人くらい受け入れたと思う？ ⇒約100万人（2015年）

◎ドイツのメルケル首相は、シリア難民を積極的に受け入れる姿勢を表明し、2015年にはドイツに約100万人もの難民が流入した。一方、日本の難民に対する受け入れ姿勢はどうだろうか。2016年9月、安倍首相は国際連合の本部で開かれた難民や移民対策を討議する国連サミットで演説した。難民や移民の人道支援、さらには受け入れ国への支援として、お金を拠出することを表明した。3年間で、いくら拠出すると表明したと思う？ ⇒約2,850億円

◎2017年に法務省が難民として認定したのは何人だと思う？ ⇒20人

◎2017年の難民申請者数1万9,628人に対して、難民と認定されたのはわずか20人だ。ドイツと比較すると、難民の受け入れには消極的だね。難民に関しても「カネは出すけど」って批判されそうだ。難民の受け入れについて、みんなはどう思うかな。

（『山陰中央新報』2015年9月8日）

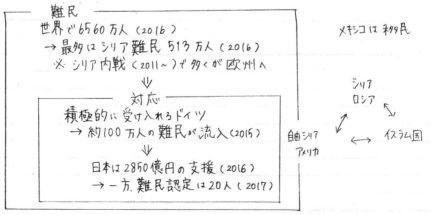

71 国際貢献(5)

1. 政府開発援助

⊙この時間は自衛隊とは異なる国際貢献について、
　もう１時間ほど考えていくことにしよう。発展途
　上国に対して、技術協力や経済的な援助をおこな
　ってきたんだけど、政府によるこうした支援を何
　というの？　日本のODA実績は、世界何位だと思
　う？　⇒政府開発援助（ODA）、4位（2018年）

⊙かつてアメリカに次ぐ世界2位の援助額だったけ
　ど、2014年に支出総額で4位に転落した。ODAの予
　算についても、1997年の1兆1,687億円をピークに
　減少を続け、2015年は半分にも満たない5,422億円
　だ。贈与の比率をみると、日本の課題も見えてくる
　けど、どんな課題があるの？　⇒贈与比率が低い

■2018年の各国の ODA実績(億㌦)	
1 米国	342.6
2 ドイツ	249.9
3 英国	194.0
4 日本	141.7
5 フランス	121.6
6 スウェーデン	58.4
7 オランダ	56.2
8 イタリア	50.1
9 カナダ	46.6
10 ノルウェー	42.6
11 オーストラリア	31.2
12 スイス	30.9
13 スペイン	28.7
14 デンマーク	25.8
15 韓国	23.5
16 ベルギー	22.9
17 オーストリア	11.8
18 フィンランド	9.8
19 アイルランド	9.3
20 ポーランド	7.6
（OECDによる。暫定値）	

（『朝日新聞』2019年4月12日）

⊙支出総額で1位のアメリカは、2011〜12年において、100％の贈与、つまり
　返済を求めない支援だ。それに対し、日本は54.3％で、イギリスの94.8％、
　ドイツの78.1％と比べても低い。

⊙ODAの中には、20〜39歳までの青年たちを海外に派遣し、農林水産業をはじ
　めとする、さまざまな分野で技術指導などを実施している。この人たちのこ
　とを何というの？　⇒青年海外協力隊

⊙青年海外協力隊の派遣制度で、アジアやアフリカ、中南米など、これまでに
　90を超える国や地域に、4万人を超える隊員たちが派遣されているんだ。

2. 非政府組織

⊙政府による、こうした支援とは別に、民間の組織による支援も活発になって
　きている。こういう組織のことを何というの？　⇒非政府組織（NGO）

⊙NGOにもさまざまなものがあるんだけど、このうち2つほど紹介するね、1
　つは「国境なき医師団」だ。このNGOは、紛争地などでの医療活動を続けて
　いるけど、その中から大滝潤子さんを紹介するね。大滝さんは、イラクやヨ
　ルダンで活動した他、2014年には西アフリカのシエラレオネで猛威を振るっ
　たエボラ出血熱の治療にも加わった。エボラ出血熱の怖さとともに、正確な
　情報を日本に届けてくれたのが大滝さんだ。その後、東アフリカにあるタン
　ザニアの難民キャンプでは、医療チームのリーダーを任され、活動を円滑に
　進める役割を担っている。

◎もう１つは「ペシャワール会」で、この現地代表を務めたのが、医師の中村哲さんだ。中村さんは、1984年からアフガニスタンとパキスタンの国境付近などで医療活動に従事してきた。アフガニスタンでは大干ばつが続き、農業が成り立たなくなったため、農民が仕事を求めて都市へ流出するようになった。家族を養うため、軍閥の傭兵になる人たちもいて、治安も悪化するという悪循環に陥った。平和を取り戻すため、農村の再生が必要だと考えた中村さん、何をしたと思う？ ⇒用水路整備

◎栄養失調の子どもたちを目の当たりにしても、食料や水が不足する中では為す術がなかった。だから医師100人を連れてくるよりも、用水路１本つくった方がいいと考えた。目をつけたのは、干ばつの間も満々と水をたたえるクナール川だ。2003年、この川から25.5km離れたガンベリ砂漠へと水を引く用水路の建設に着手した。この用水路、コンクリート工法ではなく、現地の人たちが維持し、管理できることにこだわった。護岸は強い水圧から守るため、蛇籠の中に石を詰めた。これなら壊れても、自身の手で修復できる。そして2010年、とうとう用水路が完成した。ガンベリ砂漠が農地に生まれ変わり、ふるさとを離れていた人たちも次々と戻りはじめた。平和について、単に戦争がないことを消極的平和っていうのに対し、貧困など、紛争の温床となるものを取り除くことを積極的平和というんだ。大滝さんや中村さんの取り組みは、積極的平和をめざしたもので、これも立派な国際貢献だよね。

＊中村さんは、2019年12月、現地で活動中に銃撃され、亡くなった。ご冥福をお祈りする。

国際貢献（5）
様々な支援活動
ODA（政府開発援助）
→減少傾向にあるが、世界4位の援助
※青年海外協力隊
↓
NGO（非政府組織）
国境なき医師団
→紛争地などでの医療活動
ペシャワール会
→アフガニスタンでの用水路整備
※紛争の温床となるものを
取り除く（積極的平和）

贈与
⇕
貸与

72 国際貢献(6)

1. 憲法「改正」

⊙自衛隊による国際貢献は、やはり憲法
9条の制約もあるので、最後に憲法
「改正」について考えてみたい。自由
民主党は、野党だった2012年4月、2
度目となる憲法改正草案を発表した。
この草案の中で、9条の2を新設し、
「国防軍を保持する」ことや「国際社
会の平和と安全を確保するために国際
的に協調して行われる活動を行うこと
ができる」ことなどが明記されたんだ
よ。政権に復帰後、安倍首相は再三に
わたって憲法改正への意欲を示してい

憲法9条の内容と安倍首相の提案

現行規定	1項	日本国民は、正義と秩序を基調とする国際平和を誠実に希求し、国権の発動たる戦争と、武力による威嚇又は武力の行使は、国際紛争を解決する手段としては、永久にこれを放棄する。
	2項	前項の目的を達するため、陸海空軍その他の戦力は、これを保持しない。国の交戦権は、これを認めない。
首相提案	3項（新設）	1項、2項を残しつつ自衛隊を明文で書き込むという考え方が国民的議論に値する

（『山陰中央新報』2017年5月9日）

るんだけど、世論の高まりは見られない。2017年の憲法記念日には、改憲派
の団体が開催した集会にビデオメッセージを寄せ、「2020年を新しい憲法が
施行される年にしたい」と表明した。この中で、9条の1項と2項を堅持し
た上で、自衛隊の存在を明記する条文を加えるように提案した。草案とも異
なる内容だ。ただこの提案、「改正」後の後法が「改正」前の前法よりも優
先されるという法原理に照らし合わせた時、戦争の放棄などを規定した1項
や2項の内容が空洞化するとの指摘もある。

⊙次に「改正」の手続きについて確認しておこう。憲法「改正」案は、まず衆
参両院で審議されるんだけど、総議員のどれだけの賛成を得れば発議される
の？ 国会が発議した後、何が実施されるの？ ⇒3分の2、国民投票

⊙国民投票で有効投票の過半数の賛成を得れば、憲法「改正」が実現するんだ
けど、かなりハードルが高いため、憲法制定以来これまで1度も「改正」さ
れたことはない。最終的には国民投票が実施されるけど、国民投票法は公職
選挙法とは違い、運動に関する予算の上限規定がないなど、自由度が高い。
特に世論形成に影響力のあるテレビCMなどの広告は、資金力のある改憲派が
有利に展開できるとの指摘もある。ただ憲法について最終的な判断を下すの
は、私たち1人ひとりであることには変わりない。あなたは国際貢献につい
て、さらには憲法についてどう考えるのかな。

＊新聞の投書など、市民たちの護憲や改憲の考え方を提示するのもよい。

2. 生徒の感想（2015年度）

◎集団的自衛権があっても良いと思います。集団的自衛権は他の国でも取り入れられていて、その国も戦争にはなっていないし、徴兵令があるわけでもないので、平和な日本を守るためには、集団的自衛権があっても良いと思います。もし、集団的自衛権が違憲になるのであれば、改憲しても良いと思います。

◎日本は戦場に人を出していないが、それでいいと思います。ビデオで見たように、ロシア軍の空爆により、ケガをした人もいます。戦争をすることで、その国に住んでいる人たちに被害を与えて、また新たな戦争が生まれると思います。戦争をし、戦場に立つことが国際貢献ではなく、その国の人たちの役に立つことが国際貢献なんだと思います。

◎憲法は変えない方がいいと思います。私の中で、いちばんしてほしくないのは戦争です。2年生の時の沖縄修学旅行で戦争について学んで、たくさんの死者がいたというのも知りました。戦争で死んだ人は英霊になるかもしれません。だけど、その人が死んで悲しむ人は絶対にいるので、そんなことがないように、憲法は変えるべきではないと思います。いちばんにやるべきことは、難民への対策だと思います。日本は今のところ、戦争がなく、平和な国なので、こういう安全な国で難民を受け入れればいいと思います。しかし、難民を受け入れることで、日本にとってよくないこともあるので、日本人と難民がお互いによい生活ができるような対策をとれればいいのかなと思います。とにかく戦争のようなもので、人が死ぬようなことは絶対になくしてほしいです。

◎湾岸戦争で「カネは出すけど、人は出さない。」と言われていたけど、私は絶対に9条を改憲してはいけないと思いました。沖縄で戦争を体験した人も、改憲したくないと思うし、もし戦争に参加して死んでしまったら、家族やいろんな人たちが悲しむと思ったからです。シリアの内戦で子どもも死んでいたので、戦争は絶対に起きてほしくないです。授業でいちばん心に残っているのは、「国境なき医師団」の大滝さんの姿で、すごくかっこいいなと思いました。「ペシャワール会」でも日本人が活躍していて、すごいなと思いました。それと難民は受け入れた方が良いと思いました。他の国は受け入れるのに、日本は少ししか受け入れないのは、おかしいと思ったからです。

3. 生徒の感想（2018年度）

＊2018年度は、国際貢献だけではなく、公民の授業全体をふりかえって感想をまとめさせた。

◎私は政治や経済に、まったく興味がありませんでした。しかし公民の学習をしていくと、知っていることも増えて、今までいい加減に眺めていたテレビや新聞のニュースを、学んだことと照らし合わせて見るようになりました。授業の中で特に興味をもったのは、増加する国債残高や各地で起こる紛争、さらには日本の国際貢献のあり方についてです。戦争や紛争は、いまだに他の国で起こっていて、それに対して日本はどうするのかということが、とても気になっていました。私はもっとたくさんの難民を受け入れてほしいと思いました。また、国債についても、とても不安です。ギリシャみたいに、将来日本もたいへんなことになっては困ります。そのために、アメリカから戦闘機を買うなど、無駄なお金を使ってほしくないと思いました。私も将来仕事に就こうと考えていますが、今まで雇用や労働環境など、知らなかったことがたくさんあって、これこそ将来の自分のために、今しっかりと考えることが大切だと思わされました。公民を学んで、他にも自分の中で変化がありました。例えば３年後、「選挙に行ってみよう」と思ったことです。これまで政治にまったく興味がなかったので、「投票なんかしたくない」と思っていましたが、学ぶことで自分の意見もできてきたので、「投票してみたい」と思うようになりました。公民は今や将来にも関わるし、役に立つ教科だと思います。公民で学んだことを、将来フル活用していきます。ウーマンラッシュアワーの漫才にもあったけど、無関心なのが本当によくないと思いました。日本は、私が思っていたよりも課題だらけの国でした。これからもいろいろなことを学んで行動します。先生、３年間社会の授業をありがとうございました。楽しすぎました。

◎公民を学んで思ったことは、社会問題に関心を持たなければいけないということです。私はこれまで社会問題について積極的に考えたことはなかったのですが、学んでいくうちに他人事ではないということがわかりました。中学生の私に何かできるわけでもないかもしれないけど、きちんとその問題について考え、向き合っていかなければならないと思うようになりました。いちばん興味を持ったのは、国際貢献についてです。私の中でこのテーマはあまりにも大きすぎて、最初は別の世界のできごとのような感覚で聞いていました。しかし、映像を見たり、新聞を読んだりしていくうちに、他人事ではないと思うようになりました。私が直接役に立つことはないかもしれませんが、私にできることはたくさんあるということにも気づきました。例えばベルマークを集めて発展途上国の人たちを支援したり、募金したりすることです。でも、いちばん大切なことは、何が正しいのかを見分けて、相手を傷つけな

いことだと思います。だから身近にいる人から大切にしていきたいと思います。3年間、社会を教えてくださってありがとうございました。

◎日本は問題をたくさん抱えているなあと思いました。その中でも過疎と過密や国債の残高、地球温暖化が印象に残っています。地方では高齢者が増えて廃れていっているのに、都会では人があふれて住むところもないという状況です。あふれた人が地方に住めば、問題が一気に解決するのになあと感じました。また、今こうしているうちにも、どんどん借金が増えていっていることを考えると、もどかしい気持ちです。ここまで額が膨らんで、どうやって返していくのか不思議です。日本はお金に余裕があるとは言えないのに、さまざまな問題をお金で解決しようとしているのは納得できないです。だからといって、戦争に自衛隊を参加させるわけではありません。もっと解決策はあると思います。地球温暖化の問題でも、排出権取引では意味がありません。こうした問題は、日本人がもっと気にしていれば防げるのになあと思います。もっと税金の使われ方に関心を持たなくてはいけないと思いました。そして、その使い道を考えたり、予算を決めたりするのは国会なので、任せられると思える人を選ぶことが大切になるなと改めて気づきました。今まで新聞を読んでも、政治や経済面に何が書いてあるのかわからなくて関心もなかったのですが、公民の学習をしたおかげで意味がわかり、興味を持つようになりました。授業で学んだ内容に関連した記事があると、その事実に喜んだり、悲しんだりできて、楽しいです。これからもしっかり公民を学習して、もっと社会に目を向けられるような人になりたいです。3年間、ありがとうございました。授業も楽しかったし、竹島の作文を書いた時も一緒に考えてくださってありがとうございました。高校でも公民だけではなく、地理や歴史もがんばります。

◎公民の中でいちばん印象に残った授業は、過労死や過労自殺などについて学んだ労働環境です。以前、何度かテレビで過労死という言葉を耳にしたことがありましたが、その時は重く受け止めていませんでした。また、授業を受ける前までは、自分にはまったく関係ないことだし、将来過労死や過労自殺するなんてあり得ないことだと思っていました。しかし、授業を受けて、過労死が身近に起こりうることだと思いました。会社員の22%が過労死ラインで働いていることを知り、驚きました。もし将来会社に勤めると、5人に1人の割合で過労死ラインを超えた労働時間になるので、とても不安になりました。このことを知って、将来過労死ラインを超えるようなことがあれば、自分にできることを探し、仲間や自分自身を助けていきたいです。公民を学

ぶことで、知識が増えただけではなく、心も成長したような気がします。
◎公民を学んで思ったことは、知らないっていうことは、笑って済まされることではないということです。最近の若い人たちの多くは、政治や平和主義、労働などのことについて、深く考えていないのではないかという印象を受けています。選挙でも世論でも、自分自身の意見の示し方はたくさんあるので、もっと関心を持たなければいけないと思いました。また、私たちの社会が、地球規模でも、国内規模でも、さまざまな問題を抱えているということを少しでも知って、募金したり、署名に参加したりして、小さな国際貢献をおこなうべきだと思います。さらに、もっと身近なことでいうと、社会保障制度のおかげで、私たちは医療や介護などのサービスを低額で受けることができます。こうした身近な問題から、政治に関心を持つことは大切だと思います。
◎公民を学んで感じたことが2つあります。1つめは、臓器移植です。自己決定権の中で臓器移植について学びましたが、学びを通して以前の考えとは少し異なるものになりました。以前は臓器を提供することで複数の人の命が助かり、苦しんでいた人が幸せになれるのならいいと思っていました。しかし今は、臓器提供を受けた人たちが幸せになって、提供した人の命や人生はどうなるのかと思うようになりました。メディアではレシピエントの姿を取り上げることが多いけど、その1人はたくさんの人たちと関わって生きてきて、1人の命は自分のものだけではないと授業の映像を見て思いました。喜びと悲しみの両方があることを学びました。2つめは、日本が抱えている問題についてです。授業の中で見たウーマンラッシュアワーの漫才で「オリンピックは東京だけが楽しければいいのか」という言葉に強く共感しました。理由はウーマンラッシュアワーの村本さんと同じで、競技場を建設するなら、そのお金で被災地を復興してほしいからです。開催地である日本の人たちが楽しいと思えないようなオリンピックなら、正直必要ないと思います。そして沖縄の米軍基地や福島の原発のことは、沖縄や福島のことではなく、国単位で解決すべきことだと思います。そして安倍首相が9条を改正しようとしていることにも疑問を抱いています。私は彼よりも若く、戦争についての学びもまだ浅いですが、戦争を2度と繰り返してはいけないことはわかっています。だから「なぜ?」っていう疑問が残ります。このままでは、また元に戻ってしまいそうです。日本にくらす人たちの意識を高めるために、自分から行動したいと思いました。
◎公民を学んでいちばんに感じたことは、自分の意見を持つことの大切さです。例えば夫婦別姓について学びましたが、多くの人たちが自分とは関係ないっ

て思って対応していかないから、なかなか前に進まないのかなと思いました。
１人でも多くの人がこのことに関して意見を持ち、みんなが平等で住みやす
い社会がつくれたらいいなと思いました。そのためにも本や新聞を読んで、
自分の意見を持ち、伝えられるようになりたいです。また、政治に意見を反
映できるチャンスなので、選挙にも行ってみようと思えるようになりました。
選挙を面倒くさく感じても、よりよい日本をみんなでつくるために、普段か
ら意識して政治の話題にふれたいです。公民の学習でいちばん心に残ってい
るのは、憲法９条についてです。確かに外国との友好も大切かもしれません
が、唯一の戦争被爆国として、平和と命の大切さは伝えていくべきだと私は
考えています。だから「カネは出すけど、人は出さない。」って、いくら批
判されても、負けずにこのままの姿勢を保ち続けてほしいなと思います。も
う２度と悲しむ人がいなくなるために、そう思います。これから高校生にな
り、そして大人にどんどん近づいていきます。１人ひとりがそれぞれ意見を
持ち、社会に反映される日本になっていってほしいです。私は直接つながる
かはわからないけど、たくさん学んでいる人たちの意見にふれて成長し、た
くさんの人を笑顔にできるような大人になりたいです。

あとがき

　「まえがき」にも述べたとおり、本書は2018年度の六日市中学校における実践をベースに記載したものである。2018年度の３年生とは、入学以来３年間という時間をともに過ごすことができた。社会的事象についての関心がとても高く、教室にどんなネタを持ち込んでも興味を示す生徒たちばかりで、授業はいつも笑顔に包まれていた。最後の授業を終えた2019年３月、卒業を控えた３年生たちからサプライズでメッセージをいただいた。六日市中学校は全校生徒30人あまりのアットホームな中学校なので、生徒たちはすべての教職員にメッセージを準備していたようであるが、私へのメッセージにはすべての生徒が社会科のことを記していた。自発的なメッセージの中で、生徒たちが社会科の授業をどのようにとらえていたのかがわかるので、本人たちの承諾を得た上で紹介する。

山本 先生へ

3年間 社会を教えてくださり、ありがとうございました。先生の授業は明るくて、いつも楽しみにしていました。よく笑いすぎて時間をつぶしてしまったのは申し訳ないです。また、ノートも見やすくて、先生に「コピーさせて」と言われたときはきれいに書いたかいあったなと思えたし 嬉しかったです！これからも新聞を読みます。
[____] より

山本先生

先生は スーツが とても似合いますね！先生の授業はおもしろくて、[____]ちゃんとのコンビを楽しみにしてました😊 内容も地域の内容とかで、先生の授業で吉賀町を好きになりました！3年間 ありがとうございました!!
[____]

山本 先生へ
3年間 ありがとうございました。陸上大会で 1500 m 走っているとき、大きな声で「頑張れ」と言ってくださり、もうちょっと頑張ろうと思いました。また社会の時間では、おもしろいことを言って笑わせてくださり、ありがとうございました。[____]

山本先生へ
3年間、地理、歴史、公民を教えて下さり、ありがとうございました。毎？に優されながらも授業を続けていて、面白かったです。今度スマホのLINEのID下さい。
[____]

188

山本先生
3年間社会? 駅伝? お世話になりました。
先生の授業はどの教科よりも楽しかったです。
本当に先生の授業を受けられて良かったと
思っています。おかげで社会は1番の得意科目
です。さて、先生は私にとってお父さんみたいな
もんなんです。会話のほとんどがくだらなくてでも、
ちゃんと指導してくれてとても良い先生です。(上から)
先生のおかげで最高に楽しい3年間になりました。
過言ではないと思います。先生の人柄と授業が本当に
好きです!! …そんなに泣かないでください! 立派な
ワシ鼻が台無しですよ(笑)これからもよろしくお願いします!
ありがとうございました

山本先生へ
3年間本当にありがとうござ
いました。部活ではキャプテン
なのに、1・2年をうまくまとめられ
なくてすいませんでした。
先生の授業は全部おもしろくて、
大好きな教科になりました。あと、
___ちゃんがおせわになりま
した。
　本当にありがとうございました。

山本先生へ
　先生は___へのツッコミや
___へのツッコミでとても笑
わせてもらいました。本当に
楽しかったです。
　そして先生は社会の先生だか
ら当たり前かもしれませんが、
とっても社会に詳しくてすご
く尊敬しています。

山本先生へ
3年間ありがとうございました。
陸上も歴史もモンク言ってゴメン
なさい(笑)社会頑張ります!!
　先生の授業は分かりやすい
そしておもしろかったです!!
　あと、吉賀町の歴史やバイオ発
電など、これからでても役に立つことが
知れてよかったです。歴女とアス女には
ならないけど、頑張ります!!

　「これからも新聞を読みます。」、「先生の授業で吉賀町を好きになりました！」、「おかげで社会は1番の得意科目です。」、「先生の授業は全部おもしろくて大好きな教科になりました。」、「これからとても役に立つことが知れてよかったです。」など、社交辞令ではあるが、こうしたメッセージに心の中がほっこりする。実は私の方こそ、この生徒たちと出会うことで教材研究への意欲をかき立てられ、日々授業に臨むことが楽しくて仕方なかった。そのことに、まずは「ありがとう」の気持ちを伝えたい。そして、こうした授業ができるようになったのは、六日市中学校をはじめ、これまで出会った生徒たちのおかげであることは言うまでもない。これまで出会ったすべて生徒たちにも「ありがとう」の気持ちを伝えたい。ただ授業は、一朝一夕にできるようになるものではなく、現在も試行錯誤の連続である。生徒たちや教材と、これからも誠実に向き合っていこうと思う。
　最後になったが、本書の執筆を依頼くださった塚原義暁さんには、いつもポジティブな励ましの言葉をかけていただいた。この言葉かけなくして執筆を続けることはできなかったと思う。末筆ながら感謝申し上げたい。

山本　悦生（やまもと えつお）

1970年2月、島根県に生まれる
島根県の公立中学校教諭
2019年4月から津和野町立津和野中学校に勤務

アウトプットする公民の授業
—— 島根からの提案／展開・資料・板書

2020年3月20日初版第1刷発行

著　者　　山　本　　悦　生

発行所　地 歴 社　　東京都文京区湯島2-32-6（〒113-0034）
　　　　　　　　　　Tel03（5688）6866／Fax03（5688）6867

製本所／坂田製本　　　　ISBN978-4-88527-237-0 C0037